「食」の図書館

ナッツの歴史

NUTS: A GLOBAL HISTORY

KEN ALBALA
ケン・アルバーラ【著】
田口未和【訳】

原書房

目次

［……］は翻訳者による注記である。

序章◉風変わりな食べ物

この本を書くことで、私は永遠に「ナッティ・プロフェッサー」〔頭のおかしい大学教授の意。1996年公開のエディ・マーフィー主演のアメリカ映画（1963年の『底抜け大学教授』のリメイク）のタイトルでもある〕と呼ばれることになるだろう。まあ、それはかまわない。ナッツは大好きだから。

でも考えてみれば、ナッツとは風変わりな食べ物だ。風変わりといっても、味が変わっているという意味ではない。ナッツの甘味と香り豊かな油分の組み合わせは完璧だ。ローストして軽く塩をふると、さらにおいしくなる。また、食感が変わっているということでもない。あの独特な食感もナッツを食べる楽しみのひとつだろう。カリッと噛みくだいたときの音が頭蓋骨に反響する感じがたまらない。私が言いたいのは、ナッツそのものが風変わりということだ。よく目にするおなじみのナッツもあれば、ほとんど知られていない種類もあるが、どれにも奇妙な特徴がある。そんな不思議な食べ物でありながら、ナッツはいまでは私たちの食生活に当たり前の食材になってしまって、あらためて深く考えることもしない。

この本を書く目的は、読者のみなさんにナッツについてもう少し深く知ってほしかったからだ。ナッツはどんなふうに育つのか？　名前の由来は？　世界の人々の生活にナッツはどんな意味をもってきたのか？　そして、私はみなさんにナッツをもっとたくさん食べてもらいたいと思っている。ナッツに関する興味深い物語についても知ってもらいたい。そこで、歴史上のさまざまな時代のナッツにまつわるエピソードを世界中から集めてみた。それぞれ特徴は異なるものの、ナッツはどれもおいしい。そして、おおむね健康にもよい。

大昔からずっと、ナッツはほとんどの人に好まれてきた。これはめずらしいことかもしれない。大部分の食べ物は、その時々の社会の風潮で必ず声高に非難する人たちが現れたからだ。

通常、食材やレシピの意味は時代とともに変わっていく。ある時代にめずらしい貴重な食材とされていたものが、別の時代にはありふれた食材になる。ある土地では高価で特権階級の食べ物とみなされるものが、別の土地では不快だと言われる。そして、ある時代に健康的な食べ物だともてはやされたものが、別の時代にはタブー視されることもある。

ナッツはこうした時代や地域による劇的な意味合いの変化をまぬがれてきた。それどころか、世界中の多くの地域で、社会的・文化的な意味合いが時代を超えてほとんど変わらずにきた数少ない食べ物のひとつだと私は思う。

世界中でこれほど長く、つねに大勢の人に好まれてきた食べ物は少ない。パンの人気は上がったり下がったりが激しい。肉は、ある時代にほめそやされたかと思えば、次の時代には非難される。ワインにはつねに愛好家と批評家がいて、激しい議論をたたかわせている。ザクロのように忘れ去られていた果物が、ときおり一瞬のスポットライトを浴びる。しかしナッツは、世界のどこを見渡しても、たいていは体によい食べ物として受け入れられてきた。

これは現在の風潮にとくによくあてはまることだが、過去を振り返っても、ナッツを食べるのは全面的にやめたほうがいいと忠告する人はほとんどいなかった。ナッツが嫌悪すべき食べ物の烙印(らくいん)を押されたことはこれまでなかったし、忘れ去られたり、避けられたりすることもなかった。それどころか、自然の恵みそのままの食べ物であるのに、洗練された上品な食品とみなされることが多かった。

ナッツはたしかに脂肪分を豊富に含むが、それは体によい脂肪分だと教えられてきた。通常は最低限の加工しかされないため、人の手を加えて栄養分が損なわれることがない、堅い殻に守られた健康的な食べ物に見える。最近の傾向として、ほかの食べ物に比べ、ナッツア

カミーユ・ピサロが1872年にフランスのルーヴシエンヌで描いたクリの枯れ木。

レルギーという人が増えているのはたしかだ。だがこれについては、私たちの体があまりに多くの加工食品や抗生物質、環境汚染にさらされた結果だという意見もある。たしかにナッツアレルギーは最近になって起こった現象のように思える。

もちろんナッツは主食となる食べ物ではない。穀物やスパイスのように世界の歴史を変えたわけでもない。それでも、その謙虚な存在感が、ナッツに優雅さと美しさを与えている。私たちはどうしてもナッツを食べなければならないわけではないし、ナッツが食事の中心になることはない。通常はスナックとして食べるか、ふと思いついて甘いお菓子に飾りとしてつけ加える、といった使われ方が多い。小さな器に入れ、酒のつまみとして出されることがほとんどかもしれない。

それでも、誰もがナッツを愛さずにはいられない。なんともいえない魅力があり、おしゃれで、それと同時に素朴な食べ物だ。形や風味も種類によって大きく異なる。松の実の口当たりのなめらかさを、ブラジルナッツのまったりした濃厚な風味と間違う人はいない。ピーカンナッツ［ペカンナッツ］はその名前が原産地をはっきり表している。焼いたアーモンドの香ばしさは、この地上で唯一無二のものだ。この小さな本を読み終えたときに、読者のみなさんが私と同じくらい、ナッツを大好きになっていてくれればうれしい。それでは、さっそくナッツの秘密の殻を破る旅を始めよう！

第1章◉ナッツとは何か?

◉ナッツの定義

ナッツを植物学的に定義するのは簡単ではない。分類上は果実の一種で、堅い殻をもつ木の実だ。植物分類学の父と呼ばれるカール・リンネは、ナッツをシンプルに、「堅くて骨のような皮で覆われた種子(semen tectum epidermide ossea)」と呼んだ。しかしナッツ(堅果)は、リンゴやモモのなかにあるような種子とは区別される。その意味では、アーモンドも植物学的にはナッツとはいえない。松の実やピスタチオも同じだ。この3つはどれも厳密に言えば種子になる。

ピーナッツは正確にはナッツではなくマメ科に属し、ソイナッツ(大豆)、コーンナッツ(トウモロコシ)、「グレープナッツ」もナッツではない(グレープナッツは、ブドウともナッツともまったく関係ない朝食用シリアルの商品名)。しかし驚いたことに、ブラジルナッツは種子に属する。

ココナッツは核果(石果)と呼ばれる果実の一種で、なかにある核は花の子房壁と呼ばれる部分からできたもの。リンネの時代以降、分類があまりに細かくなりすぎて、「ナッツ」という語をめぐって混乱もあったため、最近ではナッツという語をまったく使わない植物学者もいる。[1]

ここでは植物学的に厳密な分類を使うのはやめ、料理用語としての一般的な使い方にしたがって、ナッツを簡単にこう定義してみよう。ナッツ(名詞 nut の複数形)とは木の上になる実で、堅い殻があり、食べられるもの。本書では一般にナッツと呼ばれる種類のものすべてを扱う。

ご存知のように、ナッツの殻は簡単には割れない。また、ナッツはカリッとした歯ごたえが特徴であり、モモの核のなかにある仁(種子)のようにやわらかくはない。モモはこの点をのぞけば、親戚のアーモンドと同じようにナッツと呼べるのだが。これに対して、アプリコットの核の部分は、とくに中国ではナッツとして通ることもある。イタリアのアマレッティというクッキーにも使われているが、これをアプリコットではなくアーモンドだと思っている人が多い。

ほかの植物の種子も、ナッツに限りなく近いものがある。ヒマワリの種などはとくにそうだろう。これらは木になる高貴なナッツとして加えたいところだが、料理用語では身の丈の低い種子（seed）に分類される。料理用のナッツにみなされないものには、ほかにもカボチャの種、タイガーナッツ（カヤツリグサ科の植物の地下茎が肥大した塊茎（かいけい）で、野菜に分類される）、ハスの実など、たくさんある。

ナッツと呼べる種子をつける植物は数多くあるものの、食べられないものは本書で紹介するナッツの候補から省くことにした。したがって、セイヨウトチノキや美しいアカバナアメリカトチノキの実、とくにマチンの木の実——猛毒のストリキニーネという成分を含む——は除外しなければならない。

しかし、毒はあるが、どうしても加えなければならないナッツもいくつかある。みなさんは、なぜ殻つきのカシューナッツを見かけることがないのか、不思議に思ったことはないだろうか？　じつは、カシューの殻には毒性の強い刺激成分が含まれる（カシューの実がなる植物は、毒性のあるツタウルシ科に属する）。ビター種のアーモンドはアーモンドエッセンスを抽出したり、お菓子類に使われたりするが、大量に食べると人を死にいたらしめるに十分なシアン化物が含まれる。

果実から親指のようににょきっと突き出したカシューナッツ。殻には毒性がある。

毒性のあるナッツは別として、本書では、アーモンド、クルミ、ピスタチオなどのおなじみのナッツだけではなく、堂々としたためずらしい種類のものも紹介する。たとえば、アフリカのサン族が食べているモンゴンゴの実や、東南アジアのビンロウの実（ベテルナッツ）などがある。ぜひもっとよく知ってもらいたいナッツはほかにもたくさんあり、またナッツであることを忘れてしまいがちなものもある。たとえば、名前からは想像できないがナツメグもナッツだし、コーラナッツやココナッツもある。

この本では世界中のナッツが歴史的にどのような意味をもってきたかを簡単に説明し、料理での使われ方、健康維持のための使い方、オイル、バター、ナッツベースのミルク、食用ゴムなどへのさまざまな加工法についても紹介する。これから見ていくように、ナッツは本当に用途が広く、すぐに思い浮かぶ食べ方――スナックとして手軽に口に放り込む――のほかにも、びっくりするほど多くの使い道がある。脂肪分を豊富に含むため、ハイカロリーのトレイルミックス［ナッツ、ドライフルーツ、チョコレートなどを混ぜた栄養価の高いスナック］のベースにもなるし、優れたベジタリアンフードにもなる。またときには、乳製品の完璧な代用品にもなる。適切な手順で作られたアーモンドのフレッシュミルクは、牛乳とそっくりだ。

多くのナッツは、果実にくっついているか、果実のなかにある。果肉が商品として売られ

ひらひらした緑色のフリルがついたヘーゼルナッツ

ているのを目にすることはめったにないが、食べられないわけではない。

熟す前のクルミの周りにある緑色の果肉はピクルスにすることもできるし、アルコールにつければノチーノと呼ばれるイタリアのリキュールになる。熟す前のアーモンドも、青い実を殻ごと全部食べられる。熟す前のピスタチオでさえ、食べられる。カシューにも食べられる赤い果肉「カシューアップル」があり、これはとてもやわらかく傷みやすいので、通常はジャムか、少し渋味のあるジュースにする。カリブ海地方の果実には、英語のパイナップルの名前のもとになったものがある。緑色のナッツを含む「松かさ」だ。

また、いくつかのナッツ――ドングリのような本当のナッツ――は、果肉がなくナッツの上皮がむき出しになっている。さらに興味深いものとして、たとえばヘーゼルナッツはヒラヒラした緑色の葉（総苞（そうほう））に包まれている。

◉原始時代のナッツ

数千年前から食料として収穫されていたナッツがある。もちろん、これらは人類の親戚である動物たちがもっと古くから食料にしてきたものだが、人工的に栽培することはできなかった。ピーカンナッツなどいくつかの種は、ごく最近まで自生のものしかなかった。ブラジルナッツはいまも野生地で採集するしかない。これらを含め、自然の森をイメージさせることが、ナッツに原始時代のままの素朴な食べ物という印象を与える。文明が発達する以前に、私たちの祖先が食べていた最初期の食べ物というイメージだ。

ナッツとベリーは、お望みならばまったく加工せずに食べることも可能だ。自然食品そのものであり、アダムとエバのようなベジタリアンやフルータリアン（果実食者）にはぴったりだ（実を食べても、植物そのものを殺すことにはならない）。ナッツであれば――リスがそうするように――私たち人間も冬のための保存食として蓄えることができ、栄養価も高い。

多くの点で、ナッツはこの原始時代の野生のイメージを今日まで維持してきたと言える。それが健康食志向の人たち、ローフードダイエットをしている人たちをひきつけてきた。医療の専門家たちでさえ、ナッツは心臓病をはじめとする病気予防に効果があるとすすめている。私たちはごくあたりまえのことのように、ナッツは穀物の栽培やその他の農産物の導入よりずっと以前から、人間が食用にしていたものだろうと信じこんでいる。ナッツやベリー中心の食生活と聞けば、すぐに「野生に戻る」イメージが思い浮かぶ。

おそらく、ドングリほどこうした野生のイメージを保っているナッツはほかにないだろう。ドングリは、コナラ属（*Quercus*）の木になる実だ。ほかのナッツとは違い、大部分の種類のドングリは、苦いタンニンを取り除くための加工が必要になる。加工といってもいたって簡単で、実をたたいて砕き、水につけておけばいい。ドングリを常食にしていたカリフォルニアのアメリカ先住民は農業をする必要がなかった。

●ドングリ

人間は何千年も前からドングリを食べてきた。とくによく食べていたのは、山地の奥深くに住む人々や、カシの木にたくさんの実がなることを知り、ほかの穀物を育てる必要を感じなかったアメリカ先住民などだ。もちろんヨーロッパ人も先史時代からドングリを食べてきた。

古代人はドングリのことを、人類が最初に口にした食べ物だと想像していた——人間が豊かで平和な楽園に暮らし、労働の必要もなく、甘いドングリを好きなだけ集めて菜食生活を送っていた黄金時代の食べ物として。牧歌的な理想郷(アルカディア)には、ドングリを食べる人々（bala-naphagoi）が住んでいるといわれた。

ドングリほど、簡素な原始生活のイメージを呼び起こす食べ物はほかにない。現実の世界の人間も、もちろん飢饉のあいだにはドングリを食べていたが、自然のままの健康的な食べ物というイメージは変わらなかった。古代ギリシアの詩人ヘシオドスは、楽園で平和そのも

ドングリは植物学的にはナッツだが、いまでは人間が食べることはめったにない。

のの暮らしを送っていた人々のことをこう書いている。

大地は豊かな食べ物を生み出す。山に生える樫の木は、上にはドングリが実り、真ん中にはミツバチが巣を作る。毛に覆われた羊からは、たっぷりの羊毛がとれる。女たちは母親たちがそうしたように子供を産む。人々は自然の恵みを受けて繁栄を続け、船で旅をする必要もない。穀物を産する土地が、果実を実らせるからだ。

古代ローマの偉大な医師ガレンは、ある飢饉についてこう語っている。田舎に住む人々が、通常なら冬のあいだずっと木の実を与えて育てている豚を食べてしまい、その後は自分たちが木の実を食べてしのいだ。ドングリをゆで、あるいは熱した灰で焼き、ハチミツとミルクを加えてスープにさえしたという。この描写は生活の貧しさや苦労を意味するものではない。ガレンは、ドングリは穀物と同じくらいの栄養があり、はるか昔に理想郷で主食にされていたものだと主張しているのである。[2]

16世紀のフランスの食物百科事典の編集者、ジャン・ラ・ブリュイエール＝シャンピエは、贅沢の波が押し寄せる以前の時代、人間は洞窟で暮らし、自然が食料として与えてくれる恵みのなかでも「とくに樹木になるドングリの実を食べていた」と書いている。ドングリには

殻を取り除いて乾燥させたカリフォルニアのドングリ。すりつぶし、水で煮たものをこして、料理に使う。

栄養がたっぷり含まれ、近代以前の人々の想像のなかでは、人類が最初に主食にした食べ物だった。(3)

ドングリは、商品としてはほとんど売られていない。ドングリパウダーでさえもほとんどない。自家製のドングリパウダーをインターネットで販売する人がいないわけではないが、かなり高い。もしどうしても欲しければ、自分でドングリを採りに行けばいい。そのときには、小さな穴があいていないかどうか注意してほしい。穴があいているものは、なかに虫が入り込んでいる。

アメリカではホワイトオークの木になるドングリが好まれ、ヨーロッパではホルムオーク（学名 *Quercus ilex*）が好まれる。ときには木になっている実がそのまま食べられる種類のものを見つけることもあるし、殻つきのまま軽く炒ってから食べる種類のものもある。

大部分は、温めたオーブンで完全に乾燥させるか、乾燥した場所に長ければ1年間置いておく必要がある。乾燥したら殻を割って外し、大きな乳鉢か石うすで粉状にする。ミキサーやフードプロセッサーを使ってもいい。粉になったら布の袋に入れ、袋ごと大きなボウルまたはバケツに入れて、縁から静かに水を注ぐ。水分を徐々に浸透させるためだ。これを、粉が甘くなるまで続ける。あとはベーキングシートに広げて、約50℃のオーブンで完全に乾燥させる。

ドングリパウダーは、米粉のようなほかのグルテンフリーの粉と同じように、パンケーキやマフィン、さらにはケーキにも使える。パンを作るときに小麦粉に少し混ぜると、パンにナッツの風味が加わる。自然のなかの簡素な暮らしを好むプリミティヴィスト（原始主義者）向けには、溶岩のかけらを火で熱し、水を加えたドングリパウダーを入れた目の細かいカゴのなかに落とし、なめらかなおかゆ状になるまでかき回す。その後、溶岩を取り除いて食べる。しかし私が個人的に好きなのは、ドングリのクレープだ。作り方は巻末のレシピ集に掲載している。

◉ブラジルナッツ

ドングリから地球半周くらい離れた熱帯に育つブラジルナッツは、ロマンスのナッツだ。といっても、エレガントでおしゃれなロマンスではなく、アマゾンの奥深く、野生のジャングルのロマンスである。ブラジルナッツは正確にはナッツではなく、重くて丸い外殻のなかに、オレンジの房状の種子が2列に並んでいる。殻つきの状態のときは形も機能も砲丸のようなもので、数十メートルの高さから落下してきたブラジルナッツが頭に当たれば、まさに砲丸を打ちこまれたくらいの衝撃になるだろう。

ブラジルナッツはオレンジの房に似たこの独特な形のおかげで、大きな殻のなかにきれいにぴったり並んで収まる。

ブラジルナッツはブラジル国内だけではなくアマゾン盆地の全域に育ち、先住民族が採集している。そのことも間違いなく、この木の実を原始生活のイメージと結びつけているが、ほかにも理由があるように思う。懸命に努力されてはいるが、ブラジルナッツの栽培はむずかしい。自生の植物の種子で、これほどの規模で商業用に採集されているものは、ほかにはあまりない。

この実をつける巨大な木（学名 *Bertholletia excelsa*）が野生にしか育たないのは、奇妙な繁殖形態をもつからだ。この木は特別な種類のハチ（シタバチ属）の働きで繁殖する。このハチには大きな舌があり、それを伸ばして花の奥の曲がった部分まで探り、受粉する。ブラジルナッツが入っている外殻は、おのが必要になるほど堅く、ナッツ自体の殻も普通のクルミ割り器では歯がたたない。不規則な三面の形をしているため、本当に割るのがむずかしい。

ブラジルナッツについては、ペルーを征服したスペイン人が早くも1569年に言及している。アマゾンの征服者ファン・アルバレス・デ・マルドナドが、兵士たちを食べさせるために大量のブラジルナッツを現地住民から奪いとった年だ。しかし、ブラジルナッツが商品として売られるようになるのは、それから何世紀もたってからだった。18世紀までは、もしブラジルナッツが欲しければ、その木が生育している場所まで歩いていって採ってくるしかなかった。19世紀に何本かの道路ができ、川を船が往復するようになって、ようやく商業取引が可能になった。

おそらく、ブラジルナッツについてもっとも興味深いのは、その変わった形状のため、殻から取り出してほかのナッツに混ぜておくと、ある物理の法則が作用することだろう。「ブラジルナッツ効果」と呼ばれる粒子の対流である。ミックスナッツの缶のなかで、大きなナッツが上に集まっているのに気づいたことはないだろうか？　普通に考えれば、大きなものほど下に沈んでいくように思うのではないだろうか。

この現象にはさまざまな説明があるが、私は、大きなナッツを真っ先に食べたい人たちの気持ちがそうさせているのだと思う。その気持ちがブラジルナッツに伝わり、ナッツのほうも早く食べてもらいたいと思って、がんばって上へ上へと這い上がるのだ。そのため、ほかのもっと小さなナッツは底のほうに追いやられていく。だから、あとからやってきた人がナッツを食べようと思っても、気の毒なことに脂っぽい小粒のスパニッシュピーナッツしか残っていないということになるのである。

●ココナッツ

ブラジルナッツとはずいぶん違うものの、もうひとつの熱帯のナッツの代表がココナッツ

殻つきの新鮮なココナッツ。殻からコイアと呼ばれる繊維がとれる。コイアはタミル語のkayaruをもとにした語。

だ。ココヤシの木(学名 *Cocos nucifera*)のない無人島はありえない。波が打ち寄せる砂浜に、物憂げに幹を曲げたヤシの木は欠かせない。ココナッツも驚くほど用途が広い。思い出すのは、漫画のキャラクター「ヨセミテ・サム」が、漂着した小さな島で食事の用意をしている場面だ。「ココナッツサラダ、しぼりたてのココナッツミルク、ニューイングランド風のゆでたココナッツ……20年分のココナッツ。もううんざりだ!」しかし、サムがココナッツだけで何年も生き延びられたことを考えれば、ココナッツの栄養価が驚くほど高いことがわかる。

映画『モンティ・パイソン・アンド・ホーリー・グレイル』では、アーサー王と家臣がココナッツの殻どうしを打ち合わせてコツコツ鳴らし、馬のひづめの音のように思わせる。

番人1　ココナッツをどこで手に入れた?
アーサー　私たちが見つけたものだ。
番人2　見つけた? マーシア王国で? ココナッツは熱帯の木の実だ!
アーサー　なにを言いたい?
番人1　ここは温帯なんだよ。
アーサー　ツバメは太陽を求めて南へ飛んでいくし、イワツバメやチドリも冬になれば暖かい場所を探す。それはめずらしいことではない。

番人1　ココナッツが移動するとでもいうのか？

サンスクリット語では、ココナッツはカルパヴリクシャ（kalpavriksha）と呼ばれている。生きていくために必要なすべてのものを恵んでくれる木という意味で、まさにココナッツにぴったりの名前だろう。ココナッツの外皮のコイアと呼ばれる繊維は、マットやロープの素材になる。殻は立派な器になり、中世にはココナッツの殻でできたカップは異国情緒あふれる貴重な品として人気があった。ココヤシの樹液を集めて煮詰めると砂糖になるし、醗酵させればヤシ酒やヤシ酢ができる。強い蒸留酒のアラックにもなる。手軽に酒を造れるナッツのなる木はほかにはあまりない。

ココナッツウォーターは甘くておいしく、電解質（カリウム、ナトリウム、マグネシウム、カルシウムなどのミネラル）を豊富に含むので、健康志向の消費者のあいだで急に人気が出た。ボトル入りで売っているもののほかに、環境にやさしい紙パック入りのものもある。値段は安くはない。ココナッツウォーターはココナッツミルクとは別物で、ミルクのほうはココナッツの果肉をすりおろすか削るかし、水に浸したものをしぼって作る。

ココナッツミルクは地球上でもっともおいしい食材のひとつだが、あなたが本当の熟練者で時間をたっぷりかけられるのでないかぎり、缶入りのものを買ったほうがいい。コブミカンの葉、チリペッパー、生のターメリックの根、ガランガル（東南アジアでよく使われるショウガの一種）と一緒に煮立てると、どんなものにも合う理想的なベースになる。まさに東南アジア料理の心ともいえる風味だ。

心といえば、ヤシの木の心臓（ハート・オブ・パーム）と呼ばれる新芽――これを取り除くと本当に枯れてしまう――は白い棒状をしていて、やわらかくて甘く、歯ごたえがある。缶入りのものは保存がきくが、生のものは感動するほどおいしい。

さらにはココナッツオイルもある。室温で固まってしまうので、一時期は健康志向の人たちに嫌われていたが、いまではヴァージン・ココナッツオイルのラベルがつけられ、自然食品として奇跡的な人気回復を果たした。すばらしい料理用油になり、炒め物に使うと独特の風味が加わり、スイーツにも使われる。ただし、「精製し、漂白し、においを取り除いた」ものではなく、質のよい圧搾ココナッツオイルを使うこと。生のココナッツの果肉、またはそれを乾燥させたコプラを圧搾したものだ。ココナッツオイルは石鹸やローションにも加工され、塗料や燃料にさえなっている。

ココナッツの果肉そのものもじつに用途の広い食材で、料理にもスイーツにもよく使われる。後者の例としては、マカロンやココナッツクリームパイ、歯が痛くなりそうなほど甘い

インドのリシーケシにあるナッツ販売店

インドのココナッツバルフィやココナッツプリンがある。細かくきざんで甘味を加えたココナッツをチョコレートで包めば、「マウンズ Mounds」という市販のお菓子になるし、それにアーモンドを丸ごとトッピングすれば、「アーモンドジョイ」になる。ココナッツ料理には、ココナッツクラスト・シュリンプなどがある。これまでに発明された最高の飲み物のひとつは、ジャマイカの「ノー・プロブレム」という名前のカクテルだろう。これはココナッツ、パイナップル、ライム、ラムで作る。

ココナッツの香りをかぐだけで、ビーチでのんびり日光浴をしている真っ赤に日焼けした人たちの姿が思い浮かぶ（たとえばアメリカのニュージャージー州では、日光浴の前にココナッツオイルを体に塗りこむのがお約束だ）。もっと風変わりなところでは、パリの通りで売っているココナッツの塊がある（絶えず霧状の水をスプレーして、水分を保つようにしている）。

ココナッツについて何より奇妙なのは、その起源だ。一般にはインド洋の島々が原産地だと思われているが、南米でココナッツにそっくりの古代の化石が見つかっている。ココナッツが太平洋の波に浮かんで、自らそこまで移住したのだろうか？　それとも、ポリネシアの人たちがアメリカ大陸まで運んだのだろうか？　16世紀にスペイン人がはじめて南米大陸に上陸したとき、パナマの西海岸にはココナッツがすでにあったが、そこに住んでいる人たちは誰も食べようとはしなかったようだ。

そして、ココナッツの見た目についても思い出してみてほしい。もじゃもじゃした毛で覆われ、内殻の3つの発芽孔がサルの顔のように見える。それが名前の由来になったらしく、ココ（coco）はスペイン語でサルの顔を意味する。

●ナッツの形

私たちの祖先は、ナッツの形にとりわけ強い関心をもっていたようだ。とくにナッツの形から何が連想されるかが、大きな意味をもった。ナッツという語が暗に睾丸を意味するようになるのは、1860年代以降のことだ。それ以前には、私たちがいま亀頭（glans）と呼んでいる部分を意味するのが一般的だった。ラテン語の glans は、実際にはドングリを意味する。ラテン語の glandula を語源とする英語の gland（腺）という語は、小さなドングリを意味する。トマス・クーパーというイギリスの司教が1565年に刊行した類語辞典『シソーラス *Thesaurus*』は、glans を「男性器のナッツ」と表現していた。

しかし通常は、ナッツでたとえられるのは人間の頭部のほうだ。表面が複雑に入り組んだふたつの半球からできているクルミの殻は、たしかに人間の脳によく似ている。

パラケルスス派［パラケルススは16世紀の医学者兼錬金術師。自然科学に基づく錬金術理論の研究で知られる」の錬金術師が支持していた原理によれば、地球上の物資は、神に与えられた内なる効力がわかるように形と色が割り当てられ、それと結びつく体の部位に効能がある薬として使われる。赤い物質は血のためによく、心臓の形をした植物は心臓のためにいい。したがってクルミは頭のためにいいということになる。17世紀の植物学者ウィリアム・コールは、『エデンのアダム *Adam in Eden*』に次のように書いている。

クルミは完全に頭部の象徴である。クルミの実の緑色の果皮は、頭蓋骨膜と呼ばれる表皮（毛髪が生える場所）を表す。したがってこの果皮に蓄積する塩分は、頭部のけがに優れた効能がある。内側の木質の殻は頭蓋骨の象徴で、黄色の薄皮は、堅い髄膜と脳軟膜を包む薄いスカーフだ。種子（仁）は脳そのものの象徴で、脳のために非常によく、毒に抵抗する。種子を砕いてワインに浸し、頭頂部にのせれば、脳と頭をすっかり落ち着かせる。(4)

アーモンドの形は、クルミとはまったく違うものを連想させる。アーモンドを縦にしたときの形マンドルラは、古代世界に共通した宗教的シンボルだった。ふたつを円の端を重ねあわせでできる形は、幾何学的にアーモンド（マンドルラ）の比率と同じで、ピタゴラス派の

意味ありげな形にそそられるココ・デ・メール

学者たちは、これが宇宙の調和を理解する鍵になると信じた。さらに、神の領域と人間の領域が交差する象徴ともみなされた。そのため、初期のキリスト教徒はマンドルラを創造の象徴と考えた。この形が、人間が生まれてくるときの出口の形と似ているのも偶然ではないかもしれない。イエスがマンドルラのなかに描かれるときには、彼がふたつの世界を結ぶ存在であることを象徴し、人間の女性から生まれてきた者ではあるが、同時に神性を備えていることを表す。

アーモンドを横にすると、魚の形に近い。こちらは、初期のキリスト教徒たちが互いを認識し、一緒に礼拝するときの秘密のシンボルとしても使われた。これはのちに頭文字を使ったＩＸΘＹΣ（イチシス）という言葉で説明されるようになる。「イエス・キリスト、神の子、救世主」を意味するギリシア語からとったものだ。キリストと聖母マリア、聖人の姿に重ね合わせるマンドルラは、ルネサンス時代まで人気のモチーフとして使われ続けた。

また、マダガスカル島の北に位置するセイシェル諸島にだけ育つココ・デ・メール（学名 *Lodoicea maldivica*）もある。ココナッツふたつをくっつけたような形で、大きさと形は女性の股間にそっくりなものを思い浮かべるといい。腹部があって、2本の脚があり、ときには毛が生えたような部位があり、裏側から見れば、おしりのように見える。このナッツは、ラブナッツと呼ばれることもある。

実際にはココ・デ・メールは世界最大の種子であり、重さは40キロを超えるものもある。maldivica という名前はモルディブに由来し、人間がセイシェル諸島を発見するずっと以前から、これらの島にはナッツが波に運ばれて流れ着いていた。かつての品種名は callipyge といい、ギリシア語で「美しいおしり」を意味する。初期のヨーロッパの探検家たちは、当然ながら、個人的なコレクションとして、いちばん整った形のものを見本として持ち帰った。

とくに変わったナッツが、これまた変わった果物の内部に見つかることがある。ジャックフルーツ（学名 *Artocarpus heterophyllus*）は、熱帯の木の幹になる大きく膨らんだ果実だ。45キロもの重さに育ち、風変わりな突起に覆われた皮がある。甘い果肉のなかに数百ものデンプン質のナッツがびっしり連なり、ゆでたりローストしたりして食べる。

木にぶらさがるジャックフルーツ

恐ろしい形をしたオニビシは、中世の戦場で馬の突進を妨げるために使った鋲に見える。

もっとも奇妙な形をしたナッツといえば、オニビシ（*Trapa*属）だろう。アジアとヨーロッパに広く分布し、味はヒシの実に少し似ている。形がなんとも不気味で悪魔を連想させる。名前はcaltrop（ヤグルマギク）に由来し、ラテン語のcalcitrapa（足罠）を語源とする。

子供たちには、この形はおなじみのものだろう。ジャックスという遊びで使われる、やはりジャックスと呼ばれるコマに似ている。この小さなコマ（6本の棒が立体的に飛び出た形をしている）を、ゴムボールを弾ませているあいだに拾い上げる。もともとは戦場にまく鋲（びょう）のことで、敵の馬の前進を阻むために先端をとがらせていた。車のタイヤに取りつけられる現代版もある。

いずれにしても、ジャックフルーツ、とくにヨーロッパの種は、とがったジャックスそっくりに見えることがある。

ほかの地域では、角(つの)のある怪物を連想させるらしく、デビルポッド(悪魔のさや)と呼ばれることもある。中国では「水牛の頭の果物」と呼ばれ、本当にそんなふうに見えるものもある。かつてはヨーロッパの街角でクリのように焼いたものを売っていたが、いまではヨーロッパからほぼ姿を消しつつある。中国とインドではまだ栽培されていて、ゆでて食べるほか、粉にすることもある。

◉人間の健康とナッツ

すべての食べ物のなかでも、ナッツは古代から薬と関連づけられることが多かった。おそらく、舌にのせたときの特徴的な渋味のためか、あるいは脂肪分が多いことがすぐにわかるからだろう。通常は「温」と「乾」の効果があるものとして分類され、健康増進のための食事法や、さまざまな症状にきく強力な薬として使われた。しかし、すでに病状が出ている人たちには危険なものともみなされていた。

たとえば、未知の薬草を求めて世界中を旅して歩いた古代ギリシアの偉大な植物学者ペダニウス・ディオスコリデス（紀元40年頃〜90）は、次のように書き残している。

クルミは、一部の人がペルシア産の木の実としているもので、消化しにくく、胃を害し、吐き気を催させ、頭痛のもとになる。咳の症状がある者が食べてもなんの効果もない。絶食中に食べると吐き気を抑える効果がある。食前または食事の最後にルー（薬草の一種）とイチジクと一緒に食べると毒を中和する。大量に食べると寄生虫を排除する。また、ハチミツとルーを一緒に使うと、胸やけ、膿瘍、脱臼に効果がある。タマネギ、塩、ハチミツと混ぜると、犬や人間にかまれたときの薬になる。へた部分と一緒に焼いて臍にのせると、腹痛を和らげる。殻を焼き、すりつぶしてワインとオイルを混ぜ、子供の頭にのせると、髪に栄養がいきわたり、はげている部分に毛が生えてくる。しかし、焼いた実を細かくすりつぶしてワインと混ぜたものを女性の腹部にのせると、月経がとまる。古くなった実を噛んで湿布代わりにすると、壊疽や皮膚の化膿、ものもらいを治し、抜け毛にはすぐに効果が表れる。オイルもしぼり出すことができる。新鮮なものほど甘く、胃にもやさしい。ニンニクと合わせると苦味が薄れ、体にできたあざが消える。(5)

アーモンドも同じくらい、医薬としての使い道に関心をもたれていた。ヒポクラテスは、

「アーモンドは油分が多いので胸やけがするが、肉厚なので栄養分を豊富に含む」と書いている。この説明は、体液学の原則に従えば、アーモンドは脂肪分が多いので熱をもち、それが体液の通路から汚れを取り除く、また肉厚であるために中身が詰まっていて栄養があるという意味のようだ。ディオクレスも同じように簡潔な表現を使っている。

アーモンドは……栄養が豊富で腸の調子を整える。さらに、キビと似た性質を含むのでカロリーが高い。乾燥させたものより緑色のもののほうが体への害が少なく、水に浸さないものより浸したもの、生より焼いたものがいい。

初期の医学者たちは、アーモンドにさまざまな種類があることは認識していたが、健康上の効果についての考えはまだ明快ではなかった。それでも、少なくともアーモンドには体を温める効果があると知っていたようだ。ディオクレスより少しあとに、シフノスのディフィルスはこう主張した。

アーモンドには利尿効果があり、体を弱らせ、下痢を引き起こし、栄養はほとんどない。乾燥させたアーモンドはガスを発生させやすく、緑色のものより胃がもたれやすい。未熟なものは間違いなく風味が乏しく、栄養が少ない。しかし、まだやわらかいが完全に育った状態のときに湯で煮ると、ミルク状になって風味がよくなる。

ディフィルスのこの文章は、最初の行ではビターアーモンドについて語り、あとのほうの熟した段階別のアーモンドについては、スイートアーモンドについて語っているように思える。

古代世界のもっとも有名な医学の権威といえばペルガモンのガレノスで、彼はローマ皇帝マルクス・アウレリウスと、その後のローマの支配者たちのお抱え医師でもあった。食べ物の性質についての著書に、ガレノスはこう書いている。

これらのナッツは、渋味はあまり強くない。洗浄効果、解毒効果が高く、体内の不純物を排除し、肺や胸にできた水分を含んだ膿に作用する。一部の種類はどれだけ水に浸しても抜けないほど苦みが強いので、食べることができない。(6)

明らかにこれらの医薬的効果は、ビターアーモンドに対してのものだ。ガレノスはヒポクラテスと同じように、アーモンドには脂肪分が多いことにも言及しているが、体を利するよ

堂々としたペルシアグルミ（後方）。手前のふたつは小さくてもっと堅いアメリカ大陸の種。

うな栄養価はほとんどないと主張し、それ以前の文献とは真っ向から対立している。

ローマの著述家たちもアーモンドに言及し、異なる意見を述べている。プリニウスはビターアーモンドの薬としての用法をさらに多く紹介している。たとえば、アーモンドは眠気を誘い、食欲を増し、利尿剤や月経促進剤としても効果がある。また頭痛や熱を緩和するのにも役立つ。おそらくアーモンドの体内を浄化する効力から、熱と戦ったり冷やしたりするというよりも、熱を追い払うと考えたのだろう。スイートアーモンドについては、プリニウスはこう言っているだけだ。「これらの治療薬としての性質は、それほど強くはない。それでも下剤としては効果があり、利尿効果もある。生で食べると消化しにくい」

現代人も、これと同じアーモンドの両面性に悩まされているように思える。歴史上のある時期には、ナッツは脂肪分が多いから避けるように助言されていたが、現在では、健康の観点からは理想的な食品とみなされている。

クルミはオメガ3脂肪酸が豊富で、善玉コレステロール（HDL）を増やし、悪玉コレステロール（LDL）を減らす。アーモンドにはビタミンAも多く含まれ、抗酸化作用があり、アルツハイマー病の予防になるともいわれる。ピスタチオにはルテインという成分が多く、目によいといわれる。ヘーゼルナッツにはビタミンB群のひとつである葉酸（ようさん）や、心臓によく、がん予防にもなるといわれるその他のビタミンBを含む。ピーカンナッツも抗酸化作用が強い。ナッツのオイルは1世紀前にヘビ油が売られていたのとまったく同じように、ほとんどどんな病状にもきく万能薬として売り歩かれている。もちろん、時代とともに理論は変わり、これからも変わっていくだろう。それでも、これまでの歴史をとおして、医師たちはいつもナッツになんらかの治療効果を見つけてきたように思える。

第2章◉噛むナッツ

正確に言えば食べるわけではないが、刺激物、口臭予防、また社交の場で楽しむ嗜好品として噛んで使用するナッツがある。そうした噛むナッツとしてとくに重要なふたつが、東南アジアで使われるビンロウの実と、西アフリカによく見られるコーラナッツだ。ただ噛むだけで気持ちを落ち着かせ、深い思考を促す何がしかの成分が含まれていることは間違いない。頑丈な木の樹皮、とくにゴムなどを噛んで楽しむことは、まるで私たちの遺伝子に書き込まれた先史時代からの習慣であるかのようだ。こうしたものを噛むとほんの少し酔っぱらったような気分になるものだが、このふたつのナッツも同様だ。

◉ビンロウの実

ビンロウの実（ベテルナッツ）は、ヤシ科の木（*Areca* 属）になる実だが、それだけを噛むわけではない。通常は薄く切ってキンマの葉に包み、カルダモンやクローヴなどのスパイス、ときにはタバコなども加え、折りたたんでベテルと呼ばれる小さな包みにする。これはインドではパーンと呼ばれる。ライムペーストを少し加えると炭酸カルシウムが化学反応を起こしてアルカロイドが生成され、それが恍惚感を誘発する。アカシア属の樹皮から抽出される、タンニンを含む黒っぽいエキス（カテキューまたはカッチと呼ばれる）も、この包みに加えることがある。乾燥させた堅いナッツ自体は、インド食材の専門店で買うことができる。

私の経験から言えば、味はまったくなく、ほかの材料とキンマの葉をすべてそろえなければ噛んでもなんの効果も表れない。また、キンマの葉は新鮮なものに限る。オックスフォード大学時代、インドからベテルを持ち帰った友人がいたので、これを味わう機会があった。高揚した気分になるのがナッツのせいなのか、仲間と一緒だからなのかは、私にはなんとも言えない。常用している人は、歯が真っ赤になっている。

ベテルには熱烈な愛好者もいれば、批判的な人もいる。夕食後に噛むのが普通で、インド、

ヤシの木の一種になるビンロウの実

ベテル用の容器（19世紀初め）

カンボジア、タイ、ラオス、ベトナム、さらにはフィリピンやインドネシア、太平洋地域という広い範囲で、男性と女性の区別なく使用されている。ビンロウ（areca）という言葉はマレー語のadakkaからきている（ビンロウ自体がマレーシア原産だ）。

ベトナムでは、ベテルは結婚披露宴でよく使われる。ビンロウの実とキンマの葉は切り離せない関係とされ、新郎新婦もそうであることを願うからだ。アメリカでも、ベトナム人やカンボジア人が多く住む地域では、市場で新鮮な葉とナッツを売っている。ただし「儀式での使用に限定。人間の食用には適さない」の注意書きが添えられて

中国・海南島でビンロウの実を売る露天商

いる。医学的には、このナッツは発がん性物質に分類されている。また、つばの問題もある。ビンロウを使用している人が路上でつばを吐くと、赤い汚れが残り、誰かが血を流した跡のように見えてしまうのだ。

一方、パーンを噛むのは古代インドでは高貴な人たちの習慣だった。古代サンスクリット語で書かれたアーユルヴェーダ（古代インド発祥の伝統医術）の医学書『スシュルタ・サンヒター *Sushruta Samhita*』には、こう書かれている。

キンマの葉にクローヴ、ショウノウ、ナツメグ、ライム、ビンロウの実を加え……（食後に噛むと）口のなかを洗浄し、甘い香りが広がり、声、舌、歯、あご、感覚器官の美しさと清らかさと強さを増す。

また、体を落ち着かせ、のどの病気を予防する効果もある。さらに、ベテルはヴァージカラーナ（精力剤）としても役立ち、性的興奮を促進する。これについて『スシュルタ・サンヒター』は次のものをすすめている。

さまざまな種類の（栄養価が高く口当たりのいい）食品と、（甘くて官能的で、元気を回復する）液体の強壮薬、耳を喜ばせる言葉、肌を喜ばせるようなタッチ、満月の月明かりが優しく照らす晴れた夜、若く美しい陽気な女性たち、魂を魅了し、心をとらえる美しい旋律の音楽、ベテルの葉を噛むこと、ワイン、（甘い香りの）花。(1)

◉コーラナッツ

コーラの木（*Cola* 属）になるコーラナッツも噛んで楽しむ嗜好品で、熱帯の西アフリカの原産だ。コーラナッツから作る香味料、あるいは少なくとも最近になって人工的にその風味をまねたものは、ソフトドリンクの成分としておなじみだろう。

薄く切ったナッツを噛むと、最初はひどく苦いが、だんだん甘くなっていくといわれる。カフェインを多く含むため、眠気覚ましや、断食期間中の空腹感を和らげるためにとくに役立つ。アルコールを飲まないイスラム教徒はとくに、コーラのスライスを渡されると喜ぶ。これは客をもてなす礼儀正しい方法とみなされている。また、特別な機会に族長に贈られるものでもある。

ナイジェリアでは祖先の霊にも供えられている。ヨルバ族の「イファ」と呼ばれる占いの風習では、コーラを使ってオルンミラという祖先の霊（オリシャ）をなだめる。ハウザ族は明らかにコーラの使いすぎで歯が赤く染まっている。

ベテルと同じように、コーラも結婚式ではよく利用され、花嫁と花婿、両家の家族がともに楽しむ。コーラは共有と共同生活の象徴で、お互いの違いを乗り越えることを表し、そのことを忘れないために、若い夫婦の家にはコーラナッツがぶら下げられる。違いを乗り越えるという点では、数百は数えるナイジェリアの民族グループの結束を象徴するものにもなる。

実際に、コーラナッツは新しく独立したナイジェリアの国章として、「統一の信念」のモットーとともに採用することが検討された。現在の国章の波打つような「Y」の文字（川の象徴）の背景にある黒い楯は、コーラナッツといっても通るかもしれない。

ナイジェリア出身の小説家チヌア・アチェベの古典的名著『崩れゆく絆』のあるシーンで、

コーラの風味がアフリカ産ナッツのものだと知っている人は少ない。

登場人物のひとりが、「コーラをもたらす者は、命をもたらす」と宣言する。この言葉は、人気のソフトドリンクの宣伝で使われたものとよく似ている。「コークは人生を豊かにする。Coke adds life.」。しかし、コーラナッツは新鮮でなければならない。もしあなたが自家製コーラでも作ろうと考え、コーラナッツをインターネットで注文すると、小さなかけらに砕かれたものが届き、まったくなんの味もしない。それよりも新鮮なナッツを見つけて誰かと分けたほうがいい。

●ナツメグ

噛むナッツにナツメグ（学名 *Myristica fragrans*）が含まれると思う人はおそらく少ないだろう。しかし実際には、ナツメグはビンロウの実やコーラナッツと形の面では親戚といってい い。幻覚誘発成分が含まれるナツメグは、食べることもできるが、活性化学物質のミリスチシンによって気分が悪くなるのですすめられない。しかし、ナツメグをすりつぶしたものをスープやシチュー、ポレンタ［トウモロコシの粉をおかゆ状に煮込む北イタリアの伝統料理］、マッシュポテトやパンケーキに加えると、あるいはエッグノッグの上に少しふりかけると絶品で、これほど豊かな風味を添えるスパイスはそうそうない。

ナツメグの堅い種子はレースのような赤い薄皮にくるまれている。

ナツメグは世界の歴史にも重要な役割を果たした。オランダ人がイギリス人にニューアムステルダム（オランダ植民地時代のニューヨーク）を引き渡す条件のひとつは、インドネシアのモルッカ諸島にある小さなラン島をオランダが占領し続けることだった。オランダ人はナツメグ貿易を完全に独占したいと考え、この島を手放したくなかったのだ。

ほかの多くのスパイスとは違って、ナツメグは現代的な料理の発達によって、レシピから完全に消えることはなかった。それどころか、ナツメグをほんの少し加えると、あらかじめ挽いてあるものや古いものでないかぎり、どんな料理にもよく合う。

できれば、丸のまま売っているナツメグを見つけて買ったほうがいい。最近ではほとんどがカリブ海のグレナダ産のものだ。16世紀のオランダの偉大な植物学者レンベルト・ドドエンス（ドドネウス）は、この果実をクルミにたとえたが、次の説明を読むとそれももっともに思える。

まず、外側に緑色をした厚い果肉がある。クルミのものとよく似た、全体を覆う果肉で、その下に薄い網状の赤または黄色っぽい皮がある。丸ごときざんだりつぶしたりすると、とてもよい香りがする。(2)

この特徴的な香りは、メースと呼ばれる薄い仮種皮からくるものだ。この下に殻があり、そのなかに木質のナツメグ（種子）がある。料理に使われるほかのナッツと同じように、脂肪分が多く香りがいいので、化粧品や加工食品としても使われる。その代表がコカ・コーラだ。

ナツメグという名前自体は、イタリア語の noce moscata に由来するようだ。麝香の香りのするナッツという意味で、たしかによく似た香りがする。ラテン語の植物学名は *Myristica* で、「香油」「軟膏」を意味するギリシア語の myristikos を語源とする。こちらの名前のほうがより異国情緒が漂う。ところで、アメリカのコネチカット州がなぜナツメグ州と呼ばれるようになったかは謎のままだ。住民がしたたかで、木で作ったナツメグの偽物を売っていたからだという話もある。私自身は、ニューイングランドのスパイス貿易、あるいは料理にナツメグを使うことと関連した理由ではないかと思っている。このテーマについては次章で探ることにする。

第3章◉料理に使われるナッツ

◉古代のナッツの食べ方

ナッツは人類が現在のヒトになるずっと以前からヒト科動物の主要な食料だった可能性がある。問題は、いつナッツが最初に料理に使われ、それがどんな料理法だったかだ。原始時代の人々がナッツを調理して食べていたとは考えにくい。肉や堅い野菜や塊茎（かいけい）のように、調理をしないと食べられないというものではない。また、洗練された道具がなければナッツを調理するのはほとんど不可能だ。木の棒に刺して焼くには、相当な創意工夫が必要だっただろう。鍋に入れてゆでても、ほとんどのナッツには効果がないが、これは考えられないわけでもない。土のオーブンに入れて肉や野菜と一緒にゆっくり蒸し焼きすればうまくいくかも

染色されていない殻つきのピスタチオ。このナッツ本来の緑色をしている。

しれないが、先史時代の人類がナッツを食べていたという考古学的な証拠は、ナッツの殻を除けばほとんど残っていない。

紀元前1600年頃の古代メソポタミアの遺跡から、粘土板に書かれたレシピが見つかり、そのなかにピスタチオのようなナッツの名前が含まれていた。[1] 古代の中東でナッツがどのように食べられていたかについては議論が続いているが、私は、以前オーストラリアに旅したときに自分が食べたのと同じような方法ではなかったかと思っている。私を招いてくれた家の主人が食事の最初に、砕いたアーモンドを炒ってスパイスを混ぜたものを器に入れて出してくれた。オリーブオイルに浸したパンをこのデュカ（dukkah）と呼ばれるディップをつけて食べるようにすすめられたのだが、これが信じられないほどおいしかった。シリアから伝えられた料理で、移民がオーストラリアに持ち込んだものらしい。

これはエジプトでも一般的な調味料で、そこでは通常は duqqa のスペルが使われる。アラビア語で「たたく」を意味する語だ。使う材料は土地によってさまざまで、コリアンダー、クミン、シナモン、コショウを入れることもある。アーモンドの代わりにヘーゼルナッツやピスタチオを使ってもいい。ペースト状にするのではなく、粗いみじん切り程度に細かく砕いて使う。

興味深いことに、似た言葉（doukeb）がイエメン系ユダヤ人のあいだでも使われている。

ユダヤ教徒が過ぎ越しの祭りのあいだに、セデルと呼ばれる儀式で食べるハローセト。果物とナッツをペースト状にしたもの。レシピは171ページ参照。

これは果物とナッツをペースト状にしたハローセト（charoset）のことで、過ぎ越しの祭り［ユダヤ教の祭日のひとつで、奴隷状態にあったイスラエル民族がエジプトを脱出したことを祝う］のあいだに儀式的に食べられる。基本的にはデュカと同じものだが、細かくきざんだナツメヤシとレーズンも加える。

この類似性は単に言葉だけのものではない。ハローセトは古代ギリシア・ローマ世界から直接やってきたような、泥っぽい質感の調味料だ。細かくしたナッツ、果物、スパイス、ハチミツ、ビネガーまたはワインを混ぜ、そこに苦菜（maror）か、一般的にはマッツォと呼ばれるパン［ユダヤ教徒が過ぎ越しの祭りに食べる無醗酵パン］を浸して食べる。アピキウスが書いたとされる古代ローマの有名な料理本は、これに似たイポトリマ（Ypotrima）という調味料を紹介している。Ypotrimaとは完全にすりつぶされた状態のものを意味し、コショウ、ラベージ（セリ科のハーブ）、ミント、松の実、レーズン、ナツメヤシ、チーズ、ハチミツ、ビネガー、ガルム（古代ローマの魚醤）、オイル、スイートワインを混ぜて作った(2)。

一般に、ユダヤ教の過ぎ越しの祭りの儀式は、ギリシア・ローマ時代の貴族たちの食事を再現したものだ（ゆったりくつろいでワインを4杯飲む、など）。そのため、このふたつの料理がよく似ているのは、おそらく単なる偶然ではない。デュカとハローセトの作り方は巻末のレシピ集で紹介している。

路上で焼きグリを売る男性

●クリ

ヨーロッパグリ（学名 *Castanea sativa*）の木には、ほかのナッツとは違うタイプの食べられるクリがなる。大きな違いは、ほかのナッツがカリっとして脂肪分が多いのに対し、クリの実にはデンプン質が多く、加熱するとやわらかくなるところだ。この点で、クリはナッツというよりは穀物に近く、古くからフランス南部のセヴェンヌ山地や、イタリアのアペニン山脈など、多くの地域で主食として食べられてきた。デンプンを多く含むため、ほかのナッツよりはるかに料理に使いやすい。

すぐに思い浮かぶのは、「たき火でクリを焼く」風景で、これはクリのもっともおいしい食べ方かもしれない。うまくいぶすには穴のあいた鍋を使うといい。あるいはオーブンで短時間焼いてもいい。焼き時間が長くなりすぎないようにすることが重要で、焼きすぎると堅くなり、食べられなくなる。ゆでてそのまま食べるのもいいが、甘味を加えるとさらにおいしくなる。

クリを砂糖づけにしたマロングラッセはとびきりおいしいお菓子のひとつで、その歴史はかなり古い。最初にレシピが掲載されたのは、17世紀の『フランスの菓子職人 *The French Confectioner*』という本。偉大なフランスのシェフ、フランソワ・ピエール・ラ・ヴァレンヌ

クリを砂糖づけにしたマロングラッセを網の上で乾燥させる。

が書いたものとされるが、実際には彼の名前はどの版にも登場しない。

重要なのは、彼がレシピを書いたかどうかではなく、その作り方のほうだ。まず、パウダーシュガーとオレンジブロッサムウォーターを混ぜて砂糖シロップにする。次にクリ数個を炭火で焼き、殻から取り出す。クリをやさしく押しつぶし（ぺしゃんこにはしない）、片面にシロップをかけ、オーブンの上段で焼く。ひっくり返してもう片面にもシロップをかけ、同じように焼く。[3] 砂糖をからめたビスケットと同じように、乾くとシロップが固まる。

マロングラッセから作られた製品もある。クレーム・ド・マロン・ド・ラルデッシュ（Crème de marrons de l'Ardèche）は甘いクリのペーストで、デザートに使われる。クリームと混ぜ、ホイップクリームをのせると、モンブランのように見える。それが、そのままこのデザートの名前になった。ルネサンス時代にもこれと似たデザートがあった。たとえば、15世紀にマルティーノ・ダ・コモが書いた『料理の技法 *Libro de Arte Coquinaria*』に掲載されているクリのタルトがある。ゆでたクリをつぶしてミルクと混ぜ、フレッシュチーズ、スパイス、砂糖、卵も加えて裏ごしし、サフランで黄色く色づけする。味と濃厚さという点で、このタルトはパンプキンチーズケーキに驚くほどよく似ている。[4] オリジナルのものは豚の三枚肉も含み、これはこれでおもしろい味なのだが、現在は一般的ではない。

クリは乾燥させてパウダー状にすることもできる。クリ粉はイタリアの食材店ならどこで

クリを収穫するのは、19世紀には人気の余暇の楽しみ方だった。

も売っているし、インターネットでも入手できる（クリ粉はイタリアが有名だが韓国でも製造されている）。パウダーにしてパンケーキやクレープなどの料理に使うナッツは、クリだけといってもいいだろう。

クリ粉を使って焼くカスタナッチョというケーキは絶品だ。16世紀のイタリアの著述家オルテンシオ・ランドは、カスタナッチョの考案者はトスカーナ州の町ルッカ出身のピッラーデという男性だと書いているが[5]、このお菓子がよく食べられているリグーリア州などイタリア北部の地域ならどこでも、その発祥地だった可能性はある。薄いものが普通だが、ときには厚みのあるものもあり、レーズンや松の実を加えることもある。ローズマリーやフェンネルが使われることもある。

通常はオリーブオイルを入れ、砂糖は使わないため、甘味はそれほど強くない。薄くて黒っぽい色の、クリの香りがする密度の濃いケーキを想像してもらいたい。高温に熱したオーブンで焼くため、表面はカリッとしてひびが入り、なかはしっとりしている。リコッタチーズを添えたり、ハチミツをかけたりして出すこともあり、どちらもとてもおいしい。

クリ粉はさまざまなニョッキを作るためにも使われる。作り方はいたって簡単で、クリ粉（あるいはクリとジャガイモ粉を混ぜたもの）に卵と水を加えてこねた生地を、細長い棒状にのばし、小さく切り分けて、沸騰したお湯に落とす。ゆで上がったニョッキにすりおろし

フィンセント・ファン・ゴッホの『満開の栗の木』（1890年）。死の直前にオーヴェル・シュル・オワーズで描いた作品。

たチーズをたっぷりふりかける。あるいはフォンティーナチーズやロビオラチーズ、良質のトムチーズで作ったソースであえると、さらにおいしい。

伝統的なベシャメルソースは、熱したバターに小麦粉を入れて混ぜ、温めた牛乳を加えて作る。そのなかにすりおろしたチーズを入れ、必要ならさらに牛乳を加える。ソテーしたマッシュルームを加えるのもおいしい。ソースをニョッキにかけて、冷めないうちに食べる。

ヨーロッパ以外でも、クリの木は世界中の広い範囲に生育している。中国にも多くの種類のクリがあり、アメリカでは堂々としたアメリカグリ（学名 *Castanea dentata*）がかつて東部の山脈地帯の大部分を覆っていたが、その後、クリ胴枯れ病によって大打撃を受けた。

◉イチョウ（銀杏）

イチョウの実がなる樹木（学名 *Ginkgo biloba*）はじつに美しく、秋には扇形をした葉が黄色に変わる。中国原産のこの木はしばしば生きた化石と呼ばれる。というのも、ジュラ紀から一億数千万年のあいだ、比較的形質が変わらないまま残ってきたからだ。

イチョウの実は扱いづらく、不快なにおいを放ち、腐食性がある。しかし、悪臭を放つ外皮のなかに、びっくりするほど美しく香り豊かなナッツが隠れている。外皮は必ず厚手のゴ

外皮がついた状態のイチョウの実。このなかにナッツがある。

ム手袋をはめてむくこと。できれば屋外で作業し、殻は捨ててしまうほうがいい。ナッツを炒ると、薄皮が自然にむける。おもに東アジアの料理に使われ、おかゆに放り込むこともあるし、強火ですばやく炒めれば歯ごたえと香ばしさが増し、日本では焼き鳥のように串に刺して食べる。

欧米では薬としての効果がよく知られている。記憶力をたかめ、アルツハイマー病の発症を遅らせる効果があるのではないかともいわれてきた。漢方では、古くからさまざまな使い方をされている。中国ではかつてその形から「鴨脚（ヤチャオ）」と呼ばれていた。イチョウの木は崇拝目的で仏教寺院の敷地に植えられるともいわれ、早くも宋王朝時代の文献で言及されている。

イチョウの実のなかから現れる、丸くてつやつやして甘いナッツ。

もっとも、イチョウの木には樹齢数千年ともいわれるものもあるので、古木であることが崇められる理由だったのであり、仏教との特別な関係はないのかもしれない。

このナッツはベジタリアンのレシピに登場することが多く、そのため簡単に採れるように寺院の近くに植えられたとも考えられる。結婚式では幸運の象徴として殻を赤く染めた状態で使われる。

◉ヘーゼルナッツ

ヘーゼルナッツはあらゆるナッツのなかで、もっとも見栄えのいいものとして評価されているが、じつはもっとも正体をごまかしている。緑のレースのハンカチのようなものに包まれたこのナッツは、明らかに何かを隠そうとしている。

さらに正体を偽ろうとするかのように、多くの異なる名前をもつ。ラテン語の学名は Corylus といい、フードを意味するギリシア語の korys を語源とする。英語のヘーゼル（hazel）という語も、ボンネットを意味するアングロ・サクソン語の haesel に由来する。古代ギリシア人はヘーゼルナッツをポンティックナッツと呼んだ。現在のトルコ北部の黒海沿岸にあるポントスからきた食べ物だったからだ。いまでもヘーゼルナッツの大部分はこの地域で採れる。

しかし、古代ローマ人はこれをアヴェッラナエ（avellanae）と呼ぶことを好んだ。イタリア南部のアヴェッラからきたものという意味で、ここでもやはり、いまもヘーゼルナッツが栽培されている。リンネがこの木の分類に avellana という名前を選んだのは、16世紀の植物学者レオンハルト・フックスに従ったからのようだ[6]。

呼び名は違うが、ハシバミ（filbert）もじつは同じナッツで、17世紀の聖人フィルバート（聖フィルベルト）にちなんで名づけられた。この聖人の祝日（8月20日）は、少なくともイギリスでは、ヘーゼルナッツの実が熟して収穫が始められる日とされる。しかし、アメリカのオレゴン州の人たちがこのナッツをハシバミの実と呼ぶようになった理由は、ちょっとした謎だ。

オレゴン州コーヴァリスにある国立植物栄養体遺伝資源貯蔵センター（National Clonal Germplasm Respository）は、ヘーゼルナッツについて知るには最適の場所だろう。基本的にはゲノムバンクで、病原体によってヘーゼルナッツに被害が出た場合に備えて、低温冷凍したナッツの組織が保管されている。ヘーゼルナッツ栽培はこの地域では数百万ドル規模の産業だ。この施設は、病気に抵抗力のあるハイブリッド種への植え替えや、保管されているさまざまな遺伝子からの再生の必要が生じたときのための備えである。いわば植物のための「ノアの方舟」と考えられる。

イギリスでは、ヘーゼルナッツはケント地方で集中的に栽培されている。そのなかにはセイヨウハシバミという特別な種類のものもあり、熟す前のまだ緑色の状態のときに食べる。殻はまだやわらかく、歯で簡単に取り除くことができる。熟して堅くなった実とはまったく異なる味で、デンプン質が多めで野菜に近く、脂肪分の多い木の実という感じではない。

ヘーゼルナッツはサクソン族の時代だけでなく、先史時代からヨーロッパ北部の全域で食べられていた。遺跡からはよくヘーゼルナッツの殻が見つかる。イギリスのシェイクスピア・グローブ座が最初に有名になったのも、ヘーゼルナッツが関連している。17世紀初めに観劇を楽しんでいた人たちは、劇場でヘーゼルナッツを買い、それをむしゃむしゃ食べながら舞台を見て、殻を床に捨てていた。『ロミオとジュリエット』のマブの女王の馬車が、ヘーゼルナッツの形をしていたことを思い出してほしい。観客は自分の足元を見るだけで、すぐにその意図を理解しただろう。

『じゃじゃ馬ならし』のなかのセリフにも、すぐにピンときたはずだ。ペトルーキオが皮肉っぽく、誰もがケイトについて嘘を言っていると訴える。彼女がじゃじゃ馬だというのは嘘で、実際には「ケイトはヘーゼルの枝のように、まっすぐで、ほっそりしている。褐色の肌はヘーゼルの実のようで、彼女自身の味はヘーゼルの実よりも甘い」のだと。

ヘーゼルの枝には魔法のような性質がある。ギリシア神話のヘルメスは、羽のある、2匹のヘビが巻きついたヘーゼルの杖をもっている。この杖はカドゥケウスと呼ばれ、医療のシンボルであるアスクレピウスの杖と似ているが、こちらはヘビが1匹だけで、羽はついていない。このふたつは中世の頃からよく混同されていた。おそらくヘルメス（ローマ神話ではマーキュリー）が、錬金術やオカルト――目に見えないものの探求――も連想させるからだろう。これらの術には肉体と魂の治癒も含まれたため、医療のシンボルとして現在にいたるまで使われてきた。

ヘーゼルの小枝、なかでも先が分かれているものは、地下水や貴金属を探し当てるダウジングにも使われる。ダウジングとは、地下にあるもの――埋蔵された宝物を含む――をY字型をした枝を使って探しあてる手法である。

ヘーゼルナッツの木の枝を描いた植物図

もちろん、ヘーゼルナッツは料理のおいしい素材にもなる。ビスケットやチョコレートのなかに、たいていはそのままの形で姿を見せる。しかし、ヘーゼルナッツを砕くと、奇跡のような不思議な現象が起こる。人間の口のなかと同じ温度で溶け始め、バターのようなペースト状に変わるのだ。この特質は、チョコレートなどのほかの素材にも見られる。

ヘーゼルナッツのペーストとチョコレートを混ぜ合わせると、イタリアのピエモンテ州で生まれたジャンドゥーヤになる。名前はイタリアの伝統喜劇の主人公、ジャン・デラ・ドゥーヤ（酒飲みのジャン）にちなむ。トリコロールの帽子をかぶった陽気な男で、酒と食べることと美しい女性に目がない。ジャンドゥーヤは「ヌテッラ Nutella」というブランドのものがとくに有名で、なんにでもよく合う。

ジャンドゥーヤはケーキに使われ、イタリアではアイスクリームのフレーバーにもなる。この風味を再現したリキュールさえある。しかし、フランジェリコ（*Frangerico*）というリキュールの原料がヘーゼルナッツであることははっきりわかる。これもやはりピエモンテ州のもので、修道士によって発明されたといわれる。そのためフラ・アンジェリコ（天使のような修道士）の名前がついているが、ルネサンス時代のこの名前の画家と同一の修道士ではないらしい。このリキュールは甘くてヘーゼルナッツの香りも強いが、チョコレートとバニラの風味もする。

フランスにも一般にはノワゼット（フランス語でヘーゼルナッツの意）と呼ばれる同じようなリキュールがあるが、こちらはヘーゼルナッツという名前を使っているだけだ。

◉中世のアーモンド

ナッツ料理の本当の最盛期は中世からルネサンスにかけての時期だった。なかでもアーモンドほど愛されたナッツはなく、じつにさまざまなレシピに登場する。アーモンドミルクは本物のミルクやその他の乳製品の代用になり、カトリックの四旬節［灰の水曜日から復活祭までの40日間。復活祭に備えて信者が食事の節制と懺悔を行なう］などの断食期間に消費された。ヨーロッパ北部の多くの地域では、王家の食卓にもふさわしい高価で貴重な外来食品で、輸入されたスパイスと同じように高い地位を象徴するものになった。中世の上流家庭では、客をもてなすときにアーモンドやアーモンドミルクを使った料理を出すことが礼節として欠かせなかった。

中世の晩餐にアーモンドがいかに重要だったかを物語る、こんなエピソードがある。1372年にフランスの国王シャルル4世の3番目の妻、ジャンヌ・デヴルーが死亡したとき、彼女の財産目録が作成された。この時期のものとしてはもっとも詳細な家財のリストで、中国の磁器や挿絵入りの祈禱書のような豪華な品だけでなく、キッチン用品やスパイスなども記載されていた。

現代の歴史学者は、スパイスがどれほど貴重なものだったかを示すために、この目録を引用することが多い。実際に、コショウ6ポンド、ショウガ23ポンド半、シナモン13ポンド半のほか、のちにヨーロッパの料理からは姿を消してしまったなじみのないスパイスも含まれていた。そして、アーモンド「3ベール」という記載もある。この量については、500ポンド(約227キロ)相当と見積もる研究者もいる。王家では、多くの家臣や使用人を食べさせる必要があったが、アーモンドのこの保存量の多さ、そして、スパイスのなかにそれが含まれていることからも、貴重で大切な食材だったことは明らかだ。(7)

王宮で使われていた、ほぼ同時期の料理本も現存している。ギョーム・ティレルという料理長が書いたもので、タイユヴァンの別名のほうがよく知られている。このニックネームは「風を切る者」という意味で、おそらく包丁を振りかざしていた姿からつけられたのだろう。いずれにしても、彼の料理本から当時アーモンドがどのように使われていたかがよくわかる。たとえば、鶏肉やクミンと一緒に調理する、アーモンドミルクのスープにする、型に入れて作る色鮮やかな料理の素材にするほか、世界的に人気のブランマンジェもある。アーモンドミルク、鶏肉、砂糖、ローズウォーターを混ぜて作る、白くてなめらかな料理だ。

言い換えれば、アーモンドはデザートやスナックとして食べたり、思いつきで飾りに使ったりするだけでなく、あらゆる種類のレシピに使われる大事な食材だった。本当になんにでも使われ、乳製品が禁じられている節制期間中の料理では主役になった。

医者や聖職者も、アーモンドについてはほめちぎっている。パドヴァの聖アントニオが神の顕現について書いたときには、悔恨の涙を表現するために、「この液体は罪を犯した者を癒やすものとなる。アーモンドミルクが弱った者のための食べ物になるように」と書いた。13世紀にはアーモンドミルクが病人の栄養食として広く理解されていたため、精神的な滋養や回復のたとえとして使われたのだ。

料理こそ、アーモンドが主役として舞台に上がる場所だ。料理のなかでのアーモンドの使い方は、マジパンなど多くのスイーツと同じように、イスラム文化から大きな影響を受けている。この点は、スパイス、砂糖、ローズウォーター、柑橘類とよく似ている。一方、アーモンドミルクはヨーロッパで生まれたもののようだ。もちろん、イスラム教徒のあいだでは、宗教的な理由からアーモンドミルクを乳製品の代用にするという使い方はしない。

古いレシピに書かれた材料を正確に特定できるかどうかは、それがどのように翻訳されているかに左右される。次の文章は、ナッツの材料としてアーモンドミルクと書かれているが、実際にはただ砕いただけのアーモンドだったかもしれない。これは、13世紀にシリアで編纂された『食卓を構成するための役立つアドバイス *Kanz al-Fawa'id fi tanwi al-mawaid*』に掲載されているシット・アルナウバ（sitt al-nawba）という料理のレシピで、湯通しした鶏肉をごま油で揚げたものに、アーモンドミルクを加える。アーモンドミルクは、ゆでたアーモンドをすりつぶし、水を加えてさらになめらかにしたものをこして作る。それに砂糖を加えて煮詰めたソースの上に鶏肉をのせ、ローズウォーターと麝香（じゃこう）に浸したナツメとレーズンをトッピングする。ヨーロッパ人がこのアーモンドミルクの作り方をバグダッドの料理本から学んだのかどうかは知る手がかりがないが、よく似ていることは間違いない。

乳製品の代用にするアーモンド製品は、ヨーロッパの料理本で最初に紹介された。それが掲載されているのは、現存している中世の料理本としてはもっとも古い『料理小本 *Libellus de Arte Coquinaria*』である。原典はおそらくラテン語かフランス語で書かれていたはずだが、すでに消失してしまった。

驚いたことに、この料理本は低地ドイツ語、オランダ語2種、アイスランド語の4つの版が残っている。これらを翻訳したのが誰であれ、その人たちはほぼ間違いなく、たとえ富裕層だけであったとしても、実際に使えるレシピにすることを意図したはずだ。このことから、少なくともアーモンドが12世紀から13世紀までには、西ヨーロッパの端まで達していたという間接的な証拠になる。

旧ユーゴスラビア製の模様の入った木製のクルミ割り

最初期のレシピのひとつが、アーモンドオイルの作り方だった。オランダ語版からとった次に紹介するレシピに見られるmeatという語は、中世の英語と同じように、肉ではなくあらゆる食品を意味する。アーモンドオイルは四旬節の時期の食事にふさわしい調味料とみなされていた。

殻を割ってアーモンドを取り出し、薄皮がむけるまで湯につけておく。乾いた布で水気をとり、乳鉢ですりつぶしたら、布に入れてしぼり出す。このオイルはあらゆる食品（meat）に合う。(8)

この本にはアーモンドミルクとバターを使ったレシピも掲載されている。アーモンドミルクは、アーモンドをすりつぶし熱湯につけておいたものをこして作る。牛乳とよく似た味で、市販のアーモンドミルクのような焼いたアーモンドの風味はない。市販品はビターアーモンドのエキスで風味づけしている。アーモンドミルクは料理での用途が本当に広い。アーモンドバターのほうは、牛乳からチーズを作るとき、あるいは大豆から豆腐を作るときとまったく同じ方法で、アーモンドミルクから作る。温めたアーモンドミルクを布の袋に入れてぶら下げ、水気をきる。アーモンドミルクとビネガーを混ぜて温めれば、サワーミルク（カード）

の代用品にさえなる。

◉レシピから見えてくる当時の暮らし

アーモンド料理が盛んに作られていた時代について知るには、14世紀後半から15世紀に目を転じなければならない。これはちょうど腺ペストの流行で人口が減った時期と重なる。この時代に、アーモンドやスパイス、その他の外来の贅沢品が一般大衆のあいだで広く使われ始めた。人口が減ったことに加えて、可処分所得が増えた人たちが上流階級の人たちと同じようなものを食べたいと考えるようになったからだ。また、料理本が数多く流通するようになったことも理由のひとつかもしれない。王族や貴族ほど豊かではなくても、できるだけ豪華に客をもてなしたいと考える人たちのあいだにもこうした料理本が広まった。

その代表として、1冊のイギリスの料理本がある。『料理の方法 *The Forme of Cury*』というタイトルでよく知られている14世紀後半の本で、40もの異なる版が現存している。この時代のcuryは料理を意味し、インドのカレー料理のことではない。

このオリジナルレシピ集は、国王リチャード2世時代の宮廷と関連している。王は統治者としての能力ではほとんど記憶されていないが、その宮廷と厨房の壮麗さではよく知られ

ナッツを手できざむと、料理にぴったりの粗い不均等な食感になる。

ている。この料理本には文字どおり数十のレシピが掲載され、そのなかにアーモンド料理も含まれている。

たとえば、ビネガーを入れて凝固させ、砂糖で甘味を加え、しっかり固まるまで水分を抜いた「アーモンドクリーム Creme of Almaundes」がある。冷ましてから薄く切って、テーブルに出す。とてもおいしそうな「サラセンソース Sawse Sarzyne」もある。少なくとも名前からすればアラブ風の料理だ。熱湯にくぐらせてから揚げたアーモンドを乳鉢でつぶし、ローズヒップ（バラの実）を加えてワインでのばし、砂糖で甘味をつけてスパイスを加えたら、米のデンプンでとろみをつけ、アルカネット（学名 *Alkanna tinctoria*）という植物の根から作る赤い粉末で色づけする。細かく切ったシャポン（去勢鶏）にザクロの実を飾りつけたものと一緒に食べることがすすめられている。これは甘くてスパイスがきき、風味が豊かで色鮮やかな、典型的な中世の料理だ。

アーモンドはすりつぶしたハーブと一緒におかゆに入れたりもする。ほかに、「ジュテ Jutes」（または Iwote）と呼ばれる料理、サフランのスープ、ヤギのシチューなどにも使われ、ヴィヨンド・シプレ（Vyaunde Cypre）と呼ばれるサーモンにアーモンドソースを合わせた料理や、カキと一緒にも使われている。

アーモンドが使われない料理はほとんどないといってもいいが、とくによく使われるのが四旬節の料理だ。たとえばパイの一種の「四旬節のコールドスライス Leche frys in lentoun」のレシピを紹介しよう。coffin はパイ生地のことで受け皿の役割で使われ、食べはしない。四旬節の料理なのでバターは使わない。canel はハッケイというシナモンの一種。gode powdours はスパイスを混ぜたもの。saundres はパウダー状のサンダルウッドで、赤く色づけするために使われた。

四旬節のコールドスライス（冷製パイ）。濃いアーモンドミルクを用意する。ナツメヤシ、皮をむいたリンゴとナシを細かくきざむ。プルーンは種をとり、ふたつにカットする。フルーツにアーモンドミルク、レーズン、砂糖、canel（シナモン）パウダー、メース、クローヴ、gode powdours（スパイスミックス）、塩を加える。saundres（サンダルウッドパウダー）で赤く色づけし、オイルを加えて混ぜる。これを coffin（パイ生地）に詰めてよく焼き、冷めてからテーブルに出す。(9)

同じタイプのイギリスの料理本『多彩な食物 *Diversa Cibaria*』では、最初の23のレシピのうち16にアーモンドミルクが使われている。去勢鶏、イチゴ、卵とショウガ、さらにはヒラメやウナギを使ったものまで、さまざまな料理がある。アーモンドがおもに使われるのは風味豊かな料理だが、メインコースとデザートのあいだにはっきりした区別はなく、多くのレシピに砂糖が使われている。

◉フランスのアーモンド料理

フランス人もアーモンドミルクを同じくらいよく使っていた。レシピの考案者を代表するのは、やはりタイユヴァンだ。彼の『食物譜 *Le Viandier*』には、世界的に知られるレシピが多数掲載されている。たとえば、クミン風味の料理(comminee d'amandes)がある。基本的にはゆでた鶏肉を4つに切り分けてラードで揚げたもので、これに挽いたアーモンド、野菜のブロス(ブイヨン)、調理したほかの食材を加える。ショウガとクミンで風味づけし、さらにワインとヴェルジュ[完熟前の緑色のブドウを圧搾した果汁]を注ぐ。

タイユヴァンはガルラン(garlins)と呼ばれる料理も考案した。レシピによってはtaillis(「薄切りした」の意)と呼ばれる。これはイチジクとレーズンにアーモンドミルクを加えて煮たものに、小さくカットしたウエハース、ガレット(クレープ)、パンの耳、サフランと砂糖を入れる。とろみがつくまで煮込み、薄く切って器に盛る。

タイユヴァンは色鮮やかなブランマンジェのレシピも紹介している。すりつぶしたアーモンドを水で煮て、たたいた米またはデンプンでとろみをつける。これをいくつかに分け、それぞれをアルカネット、オーキル［地衣類の植物から採れる紫色の染料］、アズール（青の染料）、パセリで色づけする。ラードでのばし、塩と砂糖で味つけする。

標準的なブランマンジェは、病人のために特別に考えられたものだ。中世のレシピのなかではもっとも有名なものに数えられるが、料理本によってさまざまなバリエーションがある。通常は、湯通しした去勢鶏か普通の鶏肉を細かく切ってからよくたたいてつぶし、なめらかにしたもの、アーモンドミルク、米粉、ローズウォーター、砂糖で作られ、とろみが出るまで煮詰める。出来上がりは濃厚なチキンプリンに似ている。おそらく現在の私たちの感覚では奇妙な食べ物に思えるが、中世の人々には好評だった。

ブランマンジェ（blancmange）という名前は「白い食べ物」を意味する。材料には栄養が豊富で消化しやすいものが使われるので、病弱な人のための料理を連想させる。この料理は現在もブランマンジェというデザートとして残っている。鶏肉は使わない、アーモンドミルクがベースのスイーツだ。

リンブルク兄弟作の装飾写本『ベリー公のいとも豪華なる祈禱書』より「11月」(1412～16年)。森で放牧される豚が、木の実を食べている様子を描いている。

◉南ヨーロッパのアーモンド料理

当然のことながら、アーモンドはその木が生育する地域で幅広く料理に使われてきた。ただし、社会に大きな影響を与えるほどの役割は果たしていない。カタルーニャ語で書かれた著者不明の『セント・ソビの本 *Llibre de sent sovi*』も、やはり14世紀後半か15世紀初めの料理本で、たくさんの魅力的で革新的なレシピを掲載している。

次に紹介するレシピはその料理技法がじつにすばらしい。ラモン・リュイのような中世の錬金術師による書物によって、湯せんで加熱する料理法に人気が集まったのは、この地域が最初だったことにも注目してほしい。ここで紹介するレシピでは、アーモンドミルクはソラマネをゆっくり、こがさないようにやわらかく煮るために使われている。

アーモンドミルクでソラマメをやわらかく煮たいときには、次の手順で行なう。ソラマメを熱湯に入れてやわらかくなるまでゆでる。アーモンドミルクをひたひたに注ぎ、オイルと塩を加え、沸騰したお湯の入った鍋で湯せんする。よく煮えたらパセリ、バジル、マージョラム、その他お好みのスパイス、ショウガ少々、ビネガー少々を加える。[10]

もうひとつのカタルーニャの料理本は、15世紀の終わり頃にナポリのアラゴン王朝の宮廷で、ノラのルペルトと呼ばれた人物が書いたものだ。1520年に出版され、1525年にカスティーリャ語に翻訳された。中世のもっと早い時期の書物と同じように、やはりアーモンドがたくさんの料理に使われている。レシピのページにはルペルト版のブランマンジェもある。多くの点で、指示と分量が細かいことから、この本がプロの料理人ではなく、基本的なテクニックになじみのない人たち、おそらくは家庭で料理を作っている人たちのために書かれたものと思われる。

読んでわかるのは、マルティーノ・ダ・コモもこのレシピを参照していたということだ。マルティーノは指示をもっと簡潔にしてわかりやすくし、動物の屠畜（とちく）のような事前準備や、鍋をこがさないように注意するなどの細かい指示を削除している。プロの料理人向けの本を意図したからだろう。

イタリア人も同じように、料理にアーモンドをふんだんに使っていた。次のレシピはベネツィアの郷土料理で、おそらく15世紀初めのものだ。この地域に特徴的な甘酸っぱいソースで、料理名は現在もベネツィア方言として時々使われている。この本は『匿名のベネツィア人による料理本 *Anonimo Veneziano*』のタイトルだけで知られている。

お好みの魚の甘酢ソース（Cisame de pesse quale tu voy）

魚を揚げる。タマネギをさっとゆでて細かくきざみ、よく炒める。そこへビネガー、水、皮をむいた丸ごとのアーモンド、レーズン、風味の強いスパイス、ハチミツ少々を加えて煮込み、魚の上にかける[11]。

15世紀後半の料理本は、それまでのものほどアーモンドに夢中ではないが、ふたつの時期の料理本の大きな違いは、あとの時代の料理本は印刷されて、しばしば別の言語に翻訳されたり、地方の方言に書きなおされたりしたことだ。レシピはこうしてもっと大勢の読者に届けられた。

はじめて印刷された料理本『本物の喜びについて *De honesta voluptate*』は、１４７０年頃にローマで刊行された。これは実際には15世紀半ばにマルティーノ・ダ・コモが書いた料理本（7種類の写本が残っている）と、ヴァチカン図書館の初代司書バルトロメオ・サッキ（プラティーナの別名のほうでよく知られる）が書いた食事法と自然史についての学術書を組み合わせたものだ。次の世紀には、プラティーナの文献はイタリア語、フランス語、ドイツ語、オランダ語、部分的には英語にも翻訳された。

この文献にはアーモンドについての一般論だけでなく、57のアーモンドのレシピも含まれていた。全般的な傾向として、この時代にはアーモンドミルクを主材料として使うよりも、アーモンド自体をもっと多くの料理やお菓子に含むようになった。たとえばプラティーナは、アーモンドは溶かした砂糖をからめ、食事の最後に砂糖菓子として出すことが多い、と書いている。

興味深いことに、砂糖菓子は楽しみのためだけでなく、健康によいからという理由でも食べられた。砂糖は優れた食品とみなされ、お菓子に限らず普通の料理にも使われた。プラティーナのアーモンドについての項は、アーモンドの幅広い用途にも言及している。彼は人々が「あまりにも食いしん坊で」まだ熟していない緑色のアーモンドを食べるので、それが頭痛の原因になるが、ビターアーモンドには薬としての使い道もあると記している。熱したバターに皮をむいたアーモンドと砂糖を入れて料理にかければ痰の予防になり、風邪の症状を和らげたり乾いた咳を止めたりする効果もある。

食品としては、スイートアーモンドはそのままでも、あるいはコース料理の第二の皿、第三の皿の食材の一部としても使われた。つまり、驚いたことにアーモンドは食事のスタートに出されるのではなく、メインディッシュに使われ、最後にデザートとして果物と一緒に出されもした。これは医学的にも理にかなっているように思われる。アーモンドの渋味は食事の最後に胃の入口を閉じる効果があり、消化を促進するからである。

H. ラロー作のポスター『プロヴァンスのアーモンドビスケット』（1900年代初め）

マルティーノの料理本には、アーモンドやアーモンド製品を使ったレシピが満載だ。おそらくもっともアーモンドレシピの充実した料理本だろう。レシピの多くは古くからある料理を受け継いだもので、すでに紹介したブランマンジェや、ルペルトの本のカタルーニャ料理を直接応用したように思えるものもいくつかある。

たとえば、カタルーニャ風ミラウゼ（ハーフロースト）は、軽くローストした去勢鶏または普通の鶏肉を切り分けて鍋に入れる。次にアーモンドを熱した灰で焼き、麻布で汚れをふき取ってすりつぶし、肉の鍋に入れる。トーストしたパンを加えてとろみを出し、ビネガーと裏ごしした野菜スープを入れて煮詰める。さらにシナモン、ショウガ、たっぷりの砂糖を加えたら、弱火にしてかき混ぜながらゆっくり煮込む。プラティーナは「これほど喜ばしい料理は食べたことがない」と付け加え、さらに中世的な助言として、この料理は栄養たっぷりで、ゆっくりと消化され、肝臓と腎臓を温め、体脂肪を増やし、「ヴィーナスを奮い立たせる」――つまり、媚薬としての効果がある――と書いている。

マルティーノは多くの興味深いレシピも紹介している。たとえば「白いスープ」は、皮をむいたアーモンド約450グラムをすりつぶし、水をかけてオイルを浮かせる。20個分の卵白、やわらかくしたパン粉、ヴェルジュ、ホワイトジンジャー、スープを加える。これを裏ごしして鍋に入れ、さらに煮込んで完成だ。また、米にアーモンドと砂糖を加えて煮た、おかゆ風のレシピもある。

しかしなかでも創意に富んでいるのは、ソラマメのさやにすりつぶしたアーモンドのペースト、ローズウォーター、砂糖を混ぜて詰めたものをフライパンで焼き、スープをかけてパセリとスパイスを散らして出す料理だろう。これは中世後期の料理の特徴を凝縮したもので、英語では「ちょっとしたお楽しみ(サトルティ)」と呼ばれ、夕食に招いた客を刺激し驚かせることを意図していた。ゲストが目にするのは、表向きは貧しい農民の食べるソラマメ料理だが、じつはアーモンドが使われているという趣向だ。

マルティーノのアーモンドフリッターも、じつにおいしそうだ。すりつぶしたアーモンド、ローズウォーター、たたいてやわらかくしてからゆでた鶏胸肉、小麦粉、卵白、砂糖を混ぜ、ラードかオイルで揚げる。アーモンドを含む揚げ料理はほかにもたくさんあり、米とイチジク、アーモンドを魚の形にしたものもある。

こうしたレシピの豊富さと目新しさから、当時の料理人が現在のシェフたちと同じように、素材で実験しようとしていたことがわかる。アーモンドをプルーンと組み合わせると、トゥッセトゥム(tuccetum)と呼ばれるソースになる。ザクロとナツメヤシと組み合わせると、バジルソースと似たペルシア料理のモレトゥム(moretum)になる。また、ニンニクとアーモンドを使った、現在のバジルソースとよく似たものもある。現在のロメスコソース(スペイン料理に使われる、ニンニク、オリーブオイル、ナッツ類で作るソース）は、かってチリペッパーとトマトを加えて作っていた同様のソースの子孫ではないかとも想像できる。

マルティーノは、アーモンドを主材料にしたたくさんの料理にも光をあてている。たとえば、プラティーナがラテン語で amygdalinum と呼んだマンドルラータは、トマトの入らない白いガスパチョといったところだ。四旬節向けの別の同様の料理には、ブイヨンの代わりにオレンジジュースとサフランを使っている。魚と豆のブイヨンをベースにした四旬節向けのブランマンジェもある。これには分量の目安として、1ポンド半（約680グラム）のアーモンドと書いてある。アーモンドを使ったデザートとしては、マジパンタルト、アーモンドゼリー、アーモンドのリコッタ風、アーモンドカスタードパイなどがある。こうした驚くべきレシピは、間違いなくアーモンド自体への興味から考案されたのだろう。

アーモンドは南ヨーロッパだけで好まれたナッツではない。ヘント（現在のベルギー）で出版された『料理の本 *Keukenboek*』にも多くのアーモンドレシピが載っている。アーモンドプリンや、砂糖で甘味を加えたアーモンドミルクなどだ。アーモンドはこの地域でも、カトリックの断食の時期に乳製品の主たる代用品として使われていた。牧畜に依存している地域では、断食の時期は大変だったことだろう。次に紹介するチーズもどきは、貧しい家庭でアーモンドがどのように使われたかを教えてくれる。

バジル、ニンニク、松の実、オイルで作ったフレッシュペースト。中世にはさまざまなハーブとナッツを組み合わせて作っていた。

アーモンドで作るバターとチーズ——たっぷりのアーモンドミルクを作る。それを鍋に移し、良質のワインビネガー少々をレードルで加えて煮る。ミルクが固まりはじめ、カード（凝乳）ができたら、すくって布を広げた小さなザルの上にのせて冷ます。きれいなチーズ用の型にカードと砂糖を入れて混ぜ、チーズはチーズ型に、バターは皿の上で作る。(12)

16世紀の著述家たちもアーモンドをひんぱんに使ったが、アーモンドのレシピの人気は中世以降に徐々に薄れていったように見える。その理由は単純に、北ヨーロッパでは宗教改革によって四旬節の食事の制限がしだいに廃止され、ミルクを使いたいときには普通の牛乳が使われるようになったからだろう。南ヨーロッパでさえ制限がゆるめられ、アーモンドではなく、バター、牛乳、クリームが使われることが多くなったようだ。とは言え、現代の料理でもナッツの出番はまだまだ多い。断食と悔恨の時期だけでなく、いまでは健康食品として使われることが増えている。

◉現在の「ローフード」

もちろん、アーモンドミルクのような製品を再びスーパーマーケットの商品棚で見かけるようになったのは皮肉なことだ。最近では健康食品として宣伝され、とくに動物製食品を避けたいと考える人たちに向けて販売されている。しかし、もちろん、動物性食品を避けるのはかつてのような宗教的な理由からではない。加熱調理されていない生(ロー)の野菜や果物を中心にした食事法であるローフードダイエットを志向する人たちは、おそらく現在のナッツ料理の最大の宣伝者だろう。

まったくの偶然ながら、私がこの本を書いているあいだに、妻がローフード運動にのめり込んだ。私自身は熱を加えた料理が好きなので、最初は疑ってかかっていたが、一部の食品はたしかに生のまま、加工せずに食べたほうがいい。野菜サラダは新鮮でしゃきしゃきしているのがいいし、魚はつねに生のほうがいい。肉もたまには生のほうがおいしいことがある。もちろん、食品のなかにはいつでも加工しないままのほうがいいものもある。ルソーの言葉を言い換えれば、すべてのものは創造主の手を離れたときには優れているが、人間の手にわたったとたんに劣化していく。そう考えれば、食材を調理しないことは興味深い美食の実践法になるかもしれない。

しかし、ローフードの「生（ロー）」は、未加工を意味するわけではない。また、生肉も含まない。より正確には、「穀物とデンプン質、大豆さえ含まない菜食ダイエットで、巨大で騒がしい調理器具を必要とする」食事法とでも呼ぶべきだろう。ケール、リンゴ、カブで作るジュースを考えてみてほしい。これを作るには、大きなジューサーで野菜や果物を切りきざんでジュースをしぼり出し、果肉や繊維をしぼりかすとして残す。体にいい成分をしぼりかすとして捨ててしまっているということだ。いずれにしても、ナッツはこのダイエット法、あるいはこれを料理と呼ぶことができるのなら、この料理法の中心になる。

ローフードを提供するのはレストランだけではない。多くの料理本にローハンバーガー（肉は入っていない）、チリやチップス、パンやピザのレシピが載っている。なぜこうしたレストランや料理本が、まったく新しいローフード料理の創作に向かわず既存の料理「もどき」ばかりを考えたがるのか、私にはわからないが、なかにはなかなかおいしいものもある。これらを考え出すには相当な想像力が必要だっただろう。

ジューサーは別として、フードプロセッサーと食物乾燥機はなかなか便利だ。ローフード料理では、食べ物を乾燥させるのは問題ない。ただし加熱してはならない。私は分子ガストロノミー［または分子美食学。調理を物理的、化学的に解析する学問分野］の研究に基づいた調理用具とその技術は、すぐにローフードの領域にも進出すると思う。このふたつが技術的に

鋼鉄と真鍮製で、動物の頭の形をしためずらしいクルミ割り器。17世紀後半、イタリア製。

は最先端の料理だからだ。ザクロとホウレンソウのアルギン酸ブレッド、あるいは遠心分離機にかけて作った亜麻の泡を想像してみてほしい。

ローフード料理に使われるナッツは、これまでとは異なるまったく新しい形をとる。最先端の分子ガストロノミーのレストランでも、ほかの一般的な料理でも絶対に思いつかないような形で主役の座につくことさえある。まず、ナッツはほとんどすべての食材と組み合わせられる。すりつぶして混ぜ合わせてもいいし、水を加えてもいい。ほかの食材に混ぜて食感を出すことも多い。ミルクはアーモンドに限らず、ほかのどのナッツのものも本当においしいソースになる。たとえば、巻末のレシピ集で紹介しているサンドライトマトとクイックカシューチーズや、ホウレンソウのクラッカーブレッドの作り方を見てほしい。

第4章◉おなじみのナッツ、めずらしいナッツ

◉ヒッコリー

北アメリカ大陸の東部に住む人たちは、地面に落ちているヒッコリーナッツを見たことはあったとしても食べたことがある人は多くはない。ヒッコリー（学名*Carya*）は、核果（かくか）に分類される。核が分厚い外皮に包まれており、最初は緑色をしている外皮はやがて茶色に変わり、完全に熟すとパカっと割れる。中身だけ見ればほとんど完璧なナッツだ。

ヒッコリーナッツとクルミはクルミ状果（tryma）と呼ばれ、「穴」という意味がある。「すり減る」を意味するギリシア語に由来し、食べられる段階になったときの皮の状態を表している。最近ではヒッコリーを食べる人は少なく、商業生産されているのは一種だけで、それがピーカン（学名*C. illinoinensis*）だ。

ヒッコリーナッツは多くの種類に分かれ、そのほとんどはアメリカを原産地とする。たとえば、ピッグナッツ（ひどい味がする）、シャグバーク、モッカーナッツ、ナツメグヒッコリーなどがある。アメリカ人がヒッコリーという語を聞くと、スモークハムを別にすれば、オールド・ヒッコリーその人を思い浮かべるかもしれない。これはアンドリュー・ジャクソン大統領のことで、彼のこの愛称はナッツではなくヒッコリーの木に由来する。ヒッコリーは木のなかでもとくに堅く、そのため野球のバットやゴルフクラブに使われる。この愛称は皮肉といってもいいかもしれない。というのも、ジャクソン大統領によってほぼ壊滅状態に陥ったアメリカ先住民族のクリーク族が、ヒッコリーナッツの採集で生活していたからだ。

植物学者のジョン・バートラムが1792年に書いているところによれば、クリーク族はナッツを完全にすりつぶし、それをゆでて、最後にしぼってミルクをとった。フレッシュクリームのように甘くて濃厚なこのミルクは、アルゴンキン族の言葉ではポウコヒコリア（powcohicoria）と呼ばれる。それがヒッコリーという呼び名につながった。クリーク族はこのミルクをトウモロコシや引き割りトウモロコシと一緒に料理に使っていたが、ジャクソンが彼らを滅ぼし、生存者を南部にいたほかの多くの部族とともに西部に追いやった。このナッツとコーンを混ぜた甘いものは、アーモンドミルクと米で作った中世の四旬節のプリンとそっ

20世紀初め、ジョージア州の田舎でピーカンナッツを売る男性。

くりではないだろうか？　実際に、このふたつは大西洋をはさんだふたつの大陸で同時代に存在していた。

●ピーカン

ピーカンもアメリカ原産のナッツだ。Carya 属ではもっともなじみのある種で、ナッツとしては申し分ない。ピーカンという名前はアメリカ先住民族の言葉がそのまま使われている。たとえば、アルゴンキン族の言葉の paccan は、割るのに石が必要なほど堅いナッツを意味する。ピーカンはイリノイ州からミズーリ、アーカンソー、ルイジアナ、オクラホマ、テキサス、さらに南のメキシコまで、広範囲に生育している。

ピーカン産業のルーツは、アフリカからの奴隷がルイジアナ州ヴァシュリーのオークアレイ・プランテーションで行なった実験が始まりだといわれる。１８４７年、そこでアントワーヌという人物が、通常は実生(みしょう)では育たないピーカンの移植に成功した。19世紀後半には商業栽培されるようになり、現在はほとんどがジョージア州で栽培されている（もとはほかの土地から持ち込まれたもので、原産ではない）。

pecan という語の発音も、地域によってまったく異なる。ニュージャージー州南部を含む

殻つきの丸のままのピーカン。栽培されるようになったのは比較的最近のことだ。

アメリカ南部の人たちは、ペカンと発音するかもしれない。ところがそこから数キロも北に行けば、ピーカンと発音されている。その響きは南部人にはばかげて聞こえる。しかし、私はテレビの料理番組の司会者で南部出身のポーラ・ディーンのような人たちでも、ピーカンと呼ぶのを聞いたことがある。

ピーカンパイは、甘すぎさえしなければ、世界一のパイと言ってもいいだろう。伝統的なピーカンパイのレシピは実際にはそれほど古いわけではなく、1925年にコーンシロップのメーカーが考案したものだと言う人もいる。初期のレシピは現在のものとはかなり異なり、通常はミルクで煮込んだピーカンをカスタードに加え、メレンゲをのせる。[1]本格的なピーカンパイはずっしりとして、濃い色の「ブルーラベル・カロ」ブランドのコーンシロップを使わなければならない。基本的には、卵2個、コーンシロップ1カップ（240ミリリットル）、砂糖1カップ（200グラム）、砕いたピーカンナッツ1カップ（115グラム）、溶かしバター大さじ2杯、バニラエッセンス少々を混ぜ、パイ生地にのせて焼くだけでいい。上にはピーカンナッツを丸のまま飾る。

この基本的な材料で、少しばかり実験することもできる。たとえば、砂糖の量を減らすか、代わりにメープルシロップを使い、バターを増やす。シナモンを少し入れてもいい。そんなパイは邪道だと言う人もいるかもしれないが、試してみる価値はある。

伝統的なアメリカのピーカンパイ。感謝祭などの祭日の定番デザート。

◉松の実

松の実はアメリカ以外でも食べられる。アジアには固有の種があり、朝鮮半島、中国、シベリアで採れる。地中海地方にはイタリアカサマツ（学名 *Pinus pinea*）があり、ピニョーロと呼ばれる松の実がなる。

しかし、もっともおもしろい松の実に関するエピソードはアメリカ南西部のものだ。何千年ものあいだ、松の木はアメリカ先住民に食料を提供していた。とくにピニオンまたはピニョンマツという種（学名 *P. edulis*）から採れる実がよく食べられた。私が子供の頃にはインディアンナッツと呼んでいたものだ。小さくてベージュ色をしていて、堅い殻があり、いつも殻つきで売っていた。ひとつずつ殻を歯で割りながら何時間もかけて食べていた。

最近はあまり見かけなくなったが、それには理由がある。この松は野生でしか育たず、そのほとんどは連邦政府か州が所有する土地で、１９６０年代以降どんどん牧畜地に変えられていったからだ。松の木は伐採され、家畜のための牧草が植えられた。これらの新しい牧草地は樹木がある土地より山火事の被害が広がりやすい。水分もあまり蓄えられない。かつては鳥やリス、人間に食料を提供するための環境が整っていた土地の大部分が、いまでは肉牛を育てる場所になっている。

松かさとナッツ。松かさは、以前は松（パイン）の果実（アップル）、つまりパイナップルと呼ばれていた。

松の実の冷製スープ。ナッツをすりつぶしたものに水を加え、香辛料で風味をつけるだけで簡単にできる。レシピは175ージ参照。

ニューメキシコ州のサンタフェなどでは、露天商が通りで松の実を売っているが、法外な値段がつき、収穫が少ない年にはとくに高くなる。ただし、高いお金を出してでも買う価値は間違いなくある。値段が高くなる理由は、松の実の収穫がとてもむずかしいからだ。まず、良質の松の実は5年に1回しか実らない。次に、アメリカ先住民には収穫権があるが、それ以外の者は一種の抽選に参加して、当選しなければならない。もし権利を勝ち取れば、フックとカギ爪のついた棒で松かさを落とし、殻が割れるまでたたき、かさとナッツを分ける。この一連のプロセスを考えると、大規模なビジネスには向いていない。アメリカで松の実を見つけるのが年々むずかしくなっているのは、そのためだ。

カリフォルニア州のシエラネヴァダ山脈にも松の木が生息し、もっと色が濃く細長い形のナッツがなる。木に触るだけでねばねばする樹液がやっかいだが、それでも収穫するだけの価値はある。ネヴァダ州側にはまさにパインナッツ山脈と呼ばれる山地もあるが、そこに生えていた木のほとんどは19世紀に伐採され、銀鉱石の精錬に使う炭になった。そのため、コムストック鉱床の銀が生み出した束の間の富のすべては、再生可能な自然資源とおいしいナッツを犠牲にして得られたものだと言える。

現在アメリカに輸入されている松の実の大部分は中国のものである。中国産の松の実は、単純に運送コストを下げるために殻を外して運ばれてくるので、悪臭を放つこともある。イ

中国・甘粛省の敦煌の市場で売られているさまざまなナッツ

タリア産の松の実が、小さな瓶入りでスパイスと一緒に売られていることもある。値段は10ドルを超える。おそらくもう何年も棚に置かれたままになっていたはずだ。これを使うとすれば、小さな瓶ひとつから十数個のビスケットくらいは作れるかもしれない。もし本当に運がよければ、イタリアから時々輸入されている大きな緑色の松かさ（これが本当のパイナップル）が見つかるかもしれない。殻のまま焼いてナッツを取り出して食べると、間違いなく最高においしい。

中国の松の実も悪くはないが、数年前に多くの人が、現在は「パインマウス」と呼ばれている症状を経験した。私自身もそのひとりだ。その当時、私はボストンで食物史のクラスをもっていて、そのなかで松の実を調理して味見したことがあった。どれも苦くて金属っぽい味がした。そのひどい後味が2週間ほど消えず、本当に悪夢のようだった。原因は誰にもわからなかったが、おそらくその松の実は一般的な松の実とは異なる種類のものだったのだろう。品不足のために通常とは異なる取引先から輸入したのではないだろうか。輸入業者にどの種類の松の実を輸入したかについて表示を義務づける法律はないが、この問題が大きく報じられたことで、輸入業者もいまはもっと注意深くなっていると思う。

どの種類であれ、松の実は料理にとても重宝する。松の実が使われるレシピとしては、バジルペーストがとくに有名だ。私の考えでは、ミキサーやフードプロセッサーは使わず、昔

と同じように、乳鉢に入れて乳棒（ペストル）ですりつぶすほうがいい（ペストルを使うので、ペースト
と呼ばれるようになった）。

イタリアのジェノヴァでは、小さい葉のバジルと、ひと握り分くらいの松の実、ニンニク、スイートタイプのオリーブオイル、パルミジャーノチーズだけを使う。もしあなたが運よくジェノヴァでバジルペーストを味わう機会があれば、パスタのゆで汁をレードル1杯ほど入れてソースをなめらかにのばすので、完全に生の状態ではないことに気づくだろう。

昔もいまも、松の実のペーストだけがナッツペーストなのではない。数百年前には、このようにナッツをすりつぶして作るソースがいくらでもあった。パセリやその他のハーブ、クルミのほか、基本的には思いついたものをなんでも混ぜる。1662年のバルトロメオ・ステファニのレシピは、現代語に直せば次のようになるだろう。

香草ソース（Sapore d'erbe odorifere）

マージョラム、バジル、パセリをそれぞれひとつかみ、アニス1オンス（約28グラム）、皮をむいたピスタチオ2オンス（約56グラム）、ローズビネガーに浸したパン4切れを用意し、ビネガーをふりかけ、乳鉢で混ぜながらすりつぶす。精糖2オンスを加え、ビネガー少々とレモン汁2個分で味をととのえる。簡単にできておいしいソースが完成

する。[2]

松の実はレーズンと一緒に使われることが多い。これはスイーツだけに限らない。松の実、ケイパー、アンチョビ、シナモンひとつまみ、ビネガー少々を混ぜるとすばらしい組み合わせになり、風味のハーモニーだけでなく、甘味、苦味、酸味、塩味、香りが複雑に絡み合って、みごとな旋律を奏でる。この組み合わせはシチリア島を思わせるが、実際には10世紀半ばから11世紀半ばにかけてシチリアを支配したアラブ世界から伝えられたものだ。

過去の食の権威たちの一風変わった意見のなかには、イタリアのパドヴァの医師アントニウス・ガジウスのものがある。彼は1491年に、とくにタバルゼト（tabarzet）と呼ばれる白い砂糖と松の実を一緒に食べると、「性交の回数が増える」と書いている。[3] 媚薬になるわけではないが、受胎を助けるのだという。通常、栄養価が高くて消化のよい食べ物はどれでも、近世の医師たちのあいだではこの分類に入れられた。松の実には「温」と「乾」の性質があり、栄養も申し分ないとみなされた。

現在の評論家たちは松の実に含まれる亜鉛について語ることが多い。これは男性ホルモンのテストステロンの分泌には必要なものだが、明らかに中世の見解には別の論理も働いていたはずだ。私は、それが象徴の原理ではないかと思う。中世には、植物の形や色、その他の

殻を外したばかりの松の実。こんがり炒ってサラダに加える。

性質が、その植物のもつ長所を象徴すると考えられた。松の実の色、とりわけその香りは、たしかに人間の「種」を連想させる。ワインが血を作り、肉が肉体を作るといわれたように、松の実は生殖のシンボルだったのかもしれない。

●狩猟採集時代のめずらしいナッツ

おそらくそれほど驚くことではないが、世界でいまも狩猟採集生活を送っている数少ない人たちは、ほかのどの社会に住む人たちよりも、ナッツを食生活の中心にしている。そうしたナッツの例を、なじみのあるものも、めずらしいものも含めて紹介しよう。

●マカダミアナッツ

マカダミアナッツは、マカダミア属（学名 *Macadamia*）のふたつの樹木になる（ほとんどのマカダミア属のナッツは食べられない。青酸グリコシドという成分を含み、体内で消化されるとシアン化物に変わる）。このナッツは異国情緒漂うだけでなく、殻が本当に堅くてなかなか割れない。鋭い刃物でも突き刺せないほど頑丈で、ハンマーで思いきりたたいてもび

マカダミアナッツの殻は地球上でもっとも堅い。ハンマーでたたいても割れない。

くともしない。だが、その魅力的な起源のおかげで、食文化史の雑学の知識としてはおあつらえむきの記事になる。

私の教える学生たちも全員がこのナッツは「ハワイの木の実」だと思いこんでいる。たしかに現在ハワイで広く栽培されているのは事実だ。しかしそのうち誰かが南米、インド、あるいはアフリカの原産ではないかと言いはじめる。私は「名前を考えてみてごらん。マカダム（MacAdam）だよ。スコットランドの名前じゃないか？」とヒントを出す。そう、マカダミアは実際に、スコットランドからオーストラリアに移住した科学者で医師のジョン・マカダムという人物にちなんで名づけられた。植物学者のフェルディナント・フォン・ミュラーが、友人のマカダムの名をとってこの属名をつけたのだ。そしてマカダムについては、「私たちの団体の有能な秘書で、その名前を残すに値する」と述べている（この団体とはヴィクトリア哲学研究所のことで、のちに王立協会と呼ばれるようになった）。ただし、１８２８年にマカダミアナッツを発見したのは植物学者で探検家のアラン・カニンガムであり、最初の標本を採集したのはルートヴィヒ・ライヒャルトで、１８４３年のことである。

もちろん、オーストラリア先住民のアボリジニは、マカダミアナッツをそれよりずっと以前から——おそらく彼らが最初にオーストラリアに渡ったときから4万年ものあいだ——食べ続けてきた。彼らが食料にした多くの植物のなかで、商業作物として栽培されるようになった唯一のものがマカダミアだった。オーストラリアのアカシアの一種で、魅力的なワトルシードと呼ばれる種でさえすべて自生しているものだ。

マカダミアナッツの栽培の始まりは、１８５８年。ブリスベンのボタニックガーデンで、ウォルター・ヒルという男性がマカダミアの木を植えた。伝えられるところによれば、最初のうち彼はマカダミアナッツには毒があると思っていたが、助手のひとりがむしゃむしゃ食べてもなんの症状も出ず、数日たっても死んでしまうことはなかったのでこの実は食料になると確信したという。自ら味わってみたところ、じつにおいしく、やがてニューサウスウェールズに果樹園を作ったのだった。

アメリカの植物学者ルーサー・バーバンクはマカダミアを世界最高の食べられるナッツと認め、１８７０年代にはアメリカでもカリフォルニア大学バークレー校の農業専門学校で、実験的に栽培された。現在、いくつかのマカダミアナッツ製造業者がカリフォルニア州で栽培を行ない、とくに霜害の心配がほとんどないサンディエゴとサンタバーバラに集中している。また、フロリダ、ケニア、グアテマラなどでも栽培されている。

もちろん、マカダミアナッツの第二の故郷となったのはハワイである。１８８０年代に砂糖プランテーション経営者のウィリアム・H・パーヴィスがマカダミアの木の種をハワイに最初に持ち帰り、20世紀初めに先進的な農場主が産業としてのマカダミア栽培に本格的に乗り出すようになった。彼らはマカダミアを接ぎ木する方法を考案し、何エーカーもの土地に植えていった。いまではマカダミアナッツと聞けば誰もがハワイを連想するほどになり、ホノルル空港の売店には塩をまぶした「マウナロア」ブランドの瓶入りナッツや、マカダミアナッツチョコレートの箱がずらりと並んでいる。

ほかの多くのオーストラリア産のナッツ——ジョンストン・リバー・アーモンド（学名 *Elaeocarpus bancroftii*）、カラジョング（学名 *Brachychiton populneus*）、レッドボップル（学名 *Hicksbeachia pinnatifolia*）、イエロー・ウォルナット（学名 *Beilschmiedia bancroftii*）、ブラワン（学名 *Macrozamia communis*）、ブンヤ（学名 *Araucaria bidwillii*）など——も、優れた自然の食べ物とみなされている。これらを食用にするのは大部分がアボリジニの人たちで、おそらく文明に汚染されていない人ほど野生のナッツに依存するという説を裏づけている。世界中の狩猟採集で生活する人たちの例も、この考えの正しさを証明しているように思える。

◉モンゴンゴ

モンゴンゴの木（学名 *Schinziophyton rautanenii*）は、マンケッティとも呼ばれる。ナミビアとボツワナにまたがって広がるカラハリ砂漠に育ち、少なくとも過去７０００年間は、サン族に好まれてきた食べ物だ。この部族が摂取するカロリーの3分の1はこのナッツが占めているので、彼らにとっては主食とみなされているはずだ。事実、なぜ農業に携わることなく狩猟採集生活を続けるのかとたずねられると、彼らのお決まりの答えは、「世界中にこれほど多くのモンゴンゴの実があるというのに、どうしてわざわざ穀物を植えたりする必要があるのか?」というものだ。

この木の実を集めて外皮を取り除き、甘い果肉は乾燥させて食べるか、お湯で煮ておかゆ状にして食べる。果肉のなかには堅い種子があり、こちらは熱した砂を積んだ上に置いて焼くと、殻がきれいに割れて食べられる。

このナッツのいちばんびっくりするところは、その採集方法だろう。地面に落ちたものを集めてもいいが、ゾウの糞からも回収できる。ナッツはまったく消化されずに、そのままの形で排泄されるからだ。このナッツには脂肪分が多く、自然派スキンケア商品にも使われている。

◉カシューナッツ

カシューナッツは熱帯地方の広い範囲に生育する木(学名 *Anacardium occidentale*)になる。

それほどめずらしい品種には見えないかもしれないが、じつはかなりの変わり者だ。赤道直下のブラジルからきたもので、ナッツはほかにはない独特な形をしていて、その果実はこの木が生息する地域以外ではまったく知られていない。ハートを逆さまにしたような形の、赤味または黄色味をおびた「カシューアップル」（カシューの果実）は、ジャムやジュースの材料にしたり、醱酵させて果実酒にしたりする。

この植物の学名（Anacardium）は果実の形から名づけられたもので、「逆さまのハート」と翻訳できる。たしかにそんな形をしている。ナッツ（種子）はこの果実の底に親指のようににょきっと突き出ている［16ページの写真参照］。ちょうどフランス語のcの下につくセディーユという記号（ç）のようだ。

スリランカにはこんな話がある。神が地球を創造したあと、悪魔は取り残されたように感じ、自分も何か創りたいと考えた。そこで悪魔はいったん姿を消し、この果実を持って帰ってきた。神はそれをちらっと見ると、悪魔に「種を入れるのを忘れているではないか」と告げた。悪魔は「ここに外側から差し込めばいい」と答えた。それでカシューナッツは変てこな形になったという。実際にはこの果実に見える部分は膨れ上がった茎であり、ナッツが本当の果実だ。毒性のあるツタの親戚なので殻は非常に刺激が強い。殻を焼いたときの煙のにおいをかぐだけでも、胸が焼けるような感じがする。

インドのニッテにあるカシューナッツ工場

「カシュー」という名前は、トゥピ族の言葉 acajú に由来する。16世紀にはじめてこの実を見たポルトガル人は、すぐに世界中のポルトガル領植民地——モザンビーク、ゴアとインド東南部、マレー半島のマラッカ——にこの種を持ち込んだ。スペイン人もフィリピンへと持ち込んだ。現在、ナイジェリア、ベトナム、インドが世界のカシューナッツの大部分を生産している。

欧米に住む人のほとんどが、塩をまぶしたミックスナッツの形でしかカシューナッツに出会えないことは残念だ。すりつぶしたカシューナッツをカレーに入れると、すばらしいとろみづけになる。水に浸してからしぼれば、ミルクと、チーズに似たものができる。カシューバターは、最近では食料品店でおなじみの食材になってきた。ただし、これは家庭でも簡単に作れる。すりつぶすか、細かくきざんだナッツに塩とオイルを少し加えてペースト状にするだけでいい。

◉パラダイスナッツ

その木が育つ地域以外では、ほとんど目にすることのない稀少なナッツもある。ギアナとベネズエラに育つパラダイスナッツ（学名 *Lecythis zabucajo*）については、どんな味がするのか想像するしかない。大きく堅い殻には、ドングリと同じような、すぐに外れるふたがある。その殻のなかに、ブラジルナッツのように、ナッツが白い種皮にぴったりきれいに並んでくっついている。パラダイスナッツはモンキーポットとも呼ばれる。小さなふわふわした毛のあるサルが、おそるおそる殻から実を取り出そうとしている姿が目に浮かんでくる。

◉イェヘブ

もうひとつのめずらしいナッツは、ソマリアで見つかるイェヘブ（学名 *Cordeauxia edulis*）という名のナッツだ。砂漠に近い乾燥した土地の、常緑の低木に育つ。ラクダやヤギが乾季に好んでこの植物を食べるため（これを食べたヤギの肉は香り豊かになるといわれる）、いまでは絶滅が危惧されている稀少種だ。興味深いことに、この木の葉からは深紅の染料がとれ、収穫していると手が赤く染まる。この植物を食べて育つ牛も、頭蓋骨が真っ赤になっている。

◉カルカ

カルカナッツ（学名 *Pandanus julianetii*）は、パプアニューギニアの熱帯高地に育つ。指の長さほどのとがった果実が、大きな赤い球果のなかに詰まっている。球果も食べられる。殻を取り除き、細長い六角形をしたナッツを乾燥させてスモークしたものは、地元住民の主食だ。スモークすると何年も保存できるという。

◉ピリ

アメリカがフィリピンを領有していた時代にはフィリピンから輸入されていたが、ピリナッツ（学名 *Canarium ovatum*）は、いまはもう北アメリカでは手に入らない。想像してほしいのだが、1914年には、ジャーナル・オブ・ヘレディティ紙の編集者はこう書くことができた。

消費者のあいだでナッツへの関心が高まったことにより……アメリカ市場にいくつかの新種がお目見えした。その質のよさのため、相当な売り上げが期待できる。なかでもと

ピリナッツ

くによく知られているものは、おそらくフィリピンのピリナッツだろう。現在は全米のどの地域でも売られている。(4)

ここで言っている「いくつかの新種」のひとつはすでに述べたパラダイスナッツで、もうひとつは「クイーンズランドナッツ」だ――これがいま「マカダミア」として知られるものである。いったいピリナッツに何が起きたのか? おそらくこのナッツがアメリカから姿を消したのは、繁殖させるのがむずかしく、商業規模で育てられる栽培者が見つからなかったからではないだろうか。

もちろん、ピリナッツは原産地の住民のあいだでは、いまもよく食べられている。スナックとして食べるほか、アーモンドと同じようにさまざまな料理にも使われる。アーモンドと似たところがあるが、先がとがっていて、殻が極端に堅い。採集してスイーツやアイスクリームに加工したり、圧搾してオイルにしたりもする。この木の特定の種類のものからはエレミ(elemi)と呼ばれるゴムが採れ、船の水漏れ防止の詰め物に使われる。ピリナッツはインターネット上でも販売されているが、この木を育てて加工する技術が開発されれば、再び食料品店の棚の上にほかのナッツと並んで売られているのを目にできるようになるかもしれない。

◉ククイ

ククイはハワイ州の州木だが、ハワイ原産の木ではない（ハワイには原産の食用植物はまったくないに等しい）。ポリネシアからの植民者がハワイに持ち込んだものだ。学名は*Aleurites moluccana*だが、原産地はマレーシアと考えられている。注目したいのは、このナッツには脂肪分が非常に多く、串に刺して火をつけるとキャンドルのようになることだ（このことから英語の「キャンドルナッツ」の名前がついた）。ククイには毒があり、下痢を引き起こすと忠告しているものもあり、販売されているこのナッツが入った箱には実際に厳しい注意書きが添えられている。

それにもかかわらずククイはよく料理に使われる。炒って塩をふり、海藻とチリなどを混ぜてから細かくたたくと、ハワイの刺身「ポキ」に使われるイナモナ（*inamona*）という調味料になる。ハワイでは、ククイの殻を磨き、サテンのひもを通してレイの形にしたものがどの土産物店でも売っている。

狩猟採集生活の時代からある、めずらしいナッツ、ククイ。

第5章 ◉デザート、スナック、ジャンクフード

◉ピスタチオ

私が若い頃に、ペンシルヴェニア州のポコノ山脈へサマーキャンプに行ったときのこと。毎日の食事にはスイーツの類がいっさい含まれていなかった。選択肢はふたつ。第一は、家から「救援物資（ケアパッケージ）」を送ってもらうこと——何年もあとになってから、この言葉がもとは海外にいる兵士たちに送る食料の小包を意味していたことを知った。この本来のケアパッケージには通常はスイーツを入れない。チョコレートやガムやタバコは、軍からの日常の配給品に含まれていたからだ。もうひとつの選択肢は、キャンプから800メートルほど離れた交通量の多い高速道路沿いにある「チャーリーズ」というガソリンスタンドまで行くことだっ

た。

私たちは1週間か2週間おきに連れ立って長い道のりを歩き、甘いお菓子を買いに行った。店の主人のチャーリーは片方の腕がなく、棒のようにやせていたご老人だったが、いつも満面の笑顔で迎えてくれた。片手でお菓子を袋に詰め、レジを打つのを見るのが、私たちの楽しみの半分だった。もう半分は、もちろんこの店で売っていたなんとも古くさいお菓子だ。メアリー・ジェーンズ（堅いバタースコッチタフィのようなもの）、リコリスホイップ、グッド&プレンティ、シュガー・ダディ、ジュジュビー、BBバッツ（棒つきのタフィ）。そしていちばんのお気に入りは、細長い箱に入った、赤く染めたピスタチオだった。

なぜそのままで完璧な自然の食品を赤く染めようなどと思うのか、私にはずっと謎だった。この習慣は、イランから輸入された安くて質の悪いピスタチオの見栄えの悪さを隠すのが目的だったともいわれる。当時のイランはまだシャー（イラン皇帝）の支配下にあった。しかし私の考えでは、これを食べると指と口がどぎつい赤に染まることが子供たちに喜ばれたからだったと思う。この染料はコールタールをベースにしたもので、1976年にソ連が実験用ラットでテストしたところ発がん性があるとわかり市場から姿を消したため、ピスタチオやほかの赤く染められた製品は突然その深紅の輝きを失った。

おそらく偶然ではないのだろうが、これはちょうどピスタチオがカリフォルニアで栽培されるようになった時期とぴったり重なり、イランのシャーへの抗議運動が高まった頃でもあった。それから数年後に彼は失脚した。その後はアメリカでのピスタチオ産業が勢いづいて、ベージュ色の殻と緑色を帯びたナッツをよく見かけるようになった。緑色はこのナッツの「自然の」色だが、ときには紫色を帯びたものや、赤味がかったものさえある。しかし普通は緑色をしているので、中華料理店で出てくる緑のピスタチオアイスは、それほど突飛なものではなかったことになる。

つい最近の２０１０年にも、イランで継続されている核開発計画に対する制裁措置として、バラク・オバマ大統領がイランからのピスタチオの輸入を禁止した。カリフォルニアのピスタチオ産業はアメリカ市場の独占を目指していたが、現在のあらゆる状況から実際にそうなることが予想される。

色がどうであれ、ピスタチオほど食べるのが楽しいナッツはない。ほかのナッツにはあまりないことだが、このナッツの殻はどうぞ割ってくださいとでもいうかのように、簡単に歯で割ることができる。殻を吐き出すときは、やわらかいヒマワリの種のときよりも、勢いよく飛ばすようにするといい。

ピスタチオは古代からあるナッツで、聖書にも登場する。聖書翻訳者の多くは、ヘブライ語の botnim という語をピスタチオと訳してきた。創世記43章では、エジプトの宰相になったヨセフが、飢饉のあいだにカナンからやってきたヤコブの息子たち（ヨセフの兄たち）に食料を与える。ヨセフは彼らが支払った銀をこっそり穀物の袋に入れて返すのだが、彼らが正直な人間かどうかを確かめるために、シメオンひとりを人質にとり、ほかの者たちに、末の弟のベニヤミンを連れて戻ってくるように命じる。

　ヤコブは戻ってきた息子たちにカナンの名産品を持たせて、再びエジプトのヨセフのところに送る。それが、乳香、ハチミツ、樹脂、没薬（もつやく）、ピスタチオとアーモンドだった。すべてが贅沢品だったが、もっと重要なのは、これらすべてが現在でもスイーツを作るのに使われていることだ。ハチミツはミツバチが集めてきた本物の蜜だったかもしれないが、翻訳者の多くは煮詰めたブドウのシロップ（ロブ）と訳している。古代ローマではサパと呼ばれていたものだ。ナッツをつぶし、シロップを加え、樹脂を入れてとろみをつけ、没薬で香りづければ、ロクム（loukoum）、欧米ではターキッシュデライトと呼ばれるお菓子になる。

　私の祖父（ギリシア北部のカストリア出身）は、このお菓子をよく大量に買い込んできた。ただし、鮮やかな色をつけ、四角い形で売っているターキッシュデライトとはまったく違うものだ。緑がかった灰色で、ピスタチオが散りばめられ、パウダーシュガーをまぶしてある（食べるとあたり一面パウダーシュガーだらけになる）。バラの花びらもほんの少し使っていることが多い。やわらかく弾力があって甘く、ナッツはカリッとしている。

ターキッシュデライト（ロクム）は、ピスタチオを散りばめた砂糖菓子だ。

料理について書かれている最古の粘土板に使われていたアッシリア語の言葉、butumtu またはbututtu については、古代の言語学者のあいだで見解がばらばらだった。何人かはテレビンノキと訳した。Pistachia 属に分類される実のなる木だ。おそらくなにかの料理の材料のひとつとして使われたようだが、この木の実はとても苦い。別の何人かはこの言葉をピスタチオと訳した。そうであれば、楔形文字のレシピ板に書かれたもののなかに、すばらしい料理がある。すりつぶしたナツメヤシを、おそらく最初に細長い棒状にしてから、砕いたピスタチオの上をころがしてナッツをまぶす。これとよく似たレシピは現在も残っている。

ナッツはキッチンでは驚くほど用途が広い。もっとも基本的な調理法は、熱源の近くに短時間だけ置いて、軽くあぶって香りを引き出すというものだ。火の近くに置いた石の上に置くのが、この料理の実験の理想的な方法になるのだろうが、鉄製のフライパンでも同じようにうまくいく。ここで、クルミの食べ方の例をいくつか紹介しよう。

生のクルミを5個用意する。1個を生のままで味わってみる。そこそこおいしいが、感動するほどではない。2個目を熱したフライパンに入れ、軽く色づくまで1分ほど炒る。冷めてから食べてみる。最初のクルミより香りが豊かで味の深みが増し、濃厚になったことに気づくはずだ。3個目のクルミは軽く炒ってから塩をふりかける。ここからがちょっとした魔法の始まりだ。味がまろやかになり、口中に風味が広がる。4個目のクルミは、炒って塩をふりかけ、さらにフライパンのなかに砂糖をぱらぱら加える。砂糖が溶けてシロップ状になったら、フライパンごとナッツを回してクルミの溝にシロップが入り込むようにする。スプーンで取り出して、完全に冷ます。これで極上のおいしさへの境界線をまたいだことになる。5個目のクルミにも同じことをするが、さらにシナモン、チリペッパー、カルダモンを加える。

同じことをピーカンナッツでもやってみてほしい。混ぜ合わせたものにバターを少し入れればプラリネの出来上がり。最後にチョコレートをかけるか、チョコレートに浸す。あるいは丸ごとのナッツを粗く砕き、バター、砂糖、塩少々を加えて混ぜたものをベーキングシートにのせ、泡が立つまで焼いてチョコレートをふりかけてもよい。これを冷まして、適当な大きさに割って食べる。おいしくて全部たいらげてしまうのは間違いない。

ナッツはスイーツやビスケット――それが古代の高貴な砂糖菓子であれ現在のスイーツであれ――に使われるために生まれてきたかのようだ。マジパン、マカロン、パインナッツビスケット、ピーカンサンディ(アメリカで人気のピーカンクッキー)、メキシコの結婚式用クッキー(砕いたクルミが入っていて口のなかでほろほろ崩れる)。そして、なんといっても最高なのは、マカダミアナッツ入りのチョコチップクッキーだろう。しかし、クルミほど料理で重宝するナッツはない。

砂糖づけのピーカンナッツ。溶かした砂糖、スパイス、塩のなかにナッツを入れてからめる。

◉クルミ

クルミはナッツの代表で、実際にナッツという語の語源になった。ナッツといえば。クルミが思い浮かぶ。ヴィクトリア朝時代の邸宅の居間で、暖炉のそばの革製の肘掛け椅子に座り、ポートワインのグラスを傾けながら、スティルトンチーズ（イギリスのブルーチーズ）と一緒に楽しんでいるような光景だ。クルミの木は高くて美しく、小さな緑色のテニスボールのようにぶら下がる実は熟すと濃い茶色に変わる。イギリスでは、まだ緑色のうちに収穫される。

伝統的には聖ヨハネの祝日の6月15日がクルミの収穫日とされ、まだ緑色の実をまるごと酢づけにする。16世紀の薬草学者ジョン・ジェラードが、「緑色のやわらかい木の実を砂糖で煮てSuckadとして食べるものがもっとも愉快でおいしく、胃が落ち着き、毒を排除する」と書いている。緑色のクルミの酢づけは、スパイス、砂糖、ビネガーと合わせてもおいしい。熟していない実はマーマレードやリキュールにもなる。砂糖づけを作るには次のようにする。手が真っ黒に染まって何週間もとれなくなるので、必ず手袋を使うこと。

緑のクルミの砂糖づけ

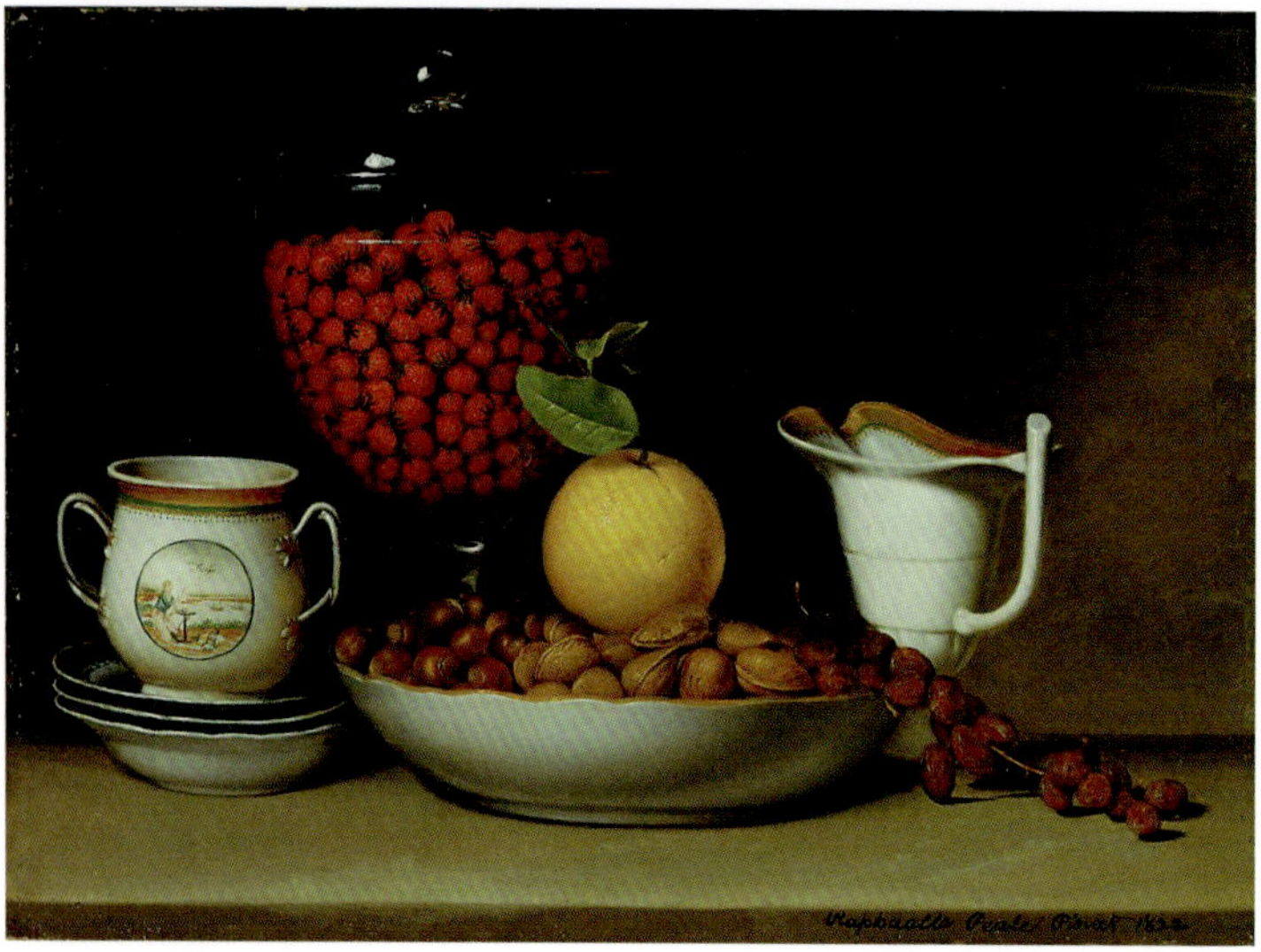

ラファエル・ピール『静物——イチゴ、ナッツ、その他』(1822年)

まだ小さくてやわらかい緑色のクルミを果肉つきのまま集め、小さな穴をたくさん開ける。11日から12日ほど水に浸しておいたあと、外皮をむく。果肉が割れないように気をつける。精糖を熱して溶かし、クルミを入れてゆっくり煮込む。すぐに煮詰まるので、砂糖をどんどん加える。器に移してクローヴ、ショウガ、シナモンを加える。クローヴは入れすぎると苦くなるので、ほかのものより少なめにする。(1)

クルミの学名*Juglans*は、どこか威厳を感じさせる。Juglansはジュピター(ローマ神話の主神ユピテル)のナッツを意味し、たしかにクルミはジュピターと関係がある。もっとも、古代ローマ人はクルミをガリア[現在のフランスを中心にした地域]の木の実と呼んでいた。ガリアでは結婚式に、幸せな新婚カップルにクルミを投げていた。

ゲルマン民族の言語では、クルミ(walnut)は外国人のナッツだ。walは見知らぬ人を意味する。もっとも一般的なクルミは、ペルシアグルミまたはイングリッシュウォルナットと呼ばれる種で、後者の名前はアメリカ種のクルミと区別するために考えられたものと思われる。アメリカのクルミには北アメリカ原産の黒グルミ、カリフォルニカ種、そしてアメリカシログルミ、つまりバターナッツがある。アメリカ、より正確にはカリフォルニアのセントラルバレーが、クルミの輸出量では世界最大だ。

ジョセフ・デッカー『ブリキの缶とナッツのある静物』(1886年頃)

北アメリカ原産の黒グルミ。丸のままのものと殻の断面。

クルミの果肉の成長を刺激して実を結ばせるには、枝の先を棒でたたくのがよいと長く信じられてきた。そのため、17世紀の詩人ジョン・テイラーが次のような言葉を残している。「女、スパニエル、クルミの木は、／たたけばたたくほどよくなる」。あるいは、もっと語呂のいい別の詩には「犬、妻、そしてクルミの木は――たたけばたたくほどよくなる」の一節がある。平和主義者の哲学者バートランド・ラッセルは、この詩についてこう意見を述べた。

クルミの木にムチ打つことの精神的効果については、私にはなんの経験もないが、教養のある人なら、この詩の妻に関する部分を認めることはないだろう。罰を与えることで矯正できると信じる習慣がなかなかなくならないのは、この種の行為が人間のサディスティックな衝動を存分に満足させるからだと私は考える。[2]

イソップ童話では、人々が木の実を落とそうと棒や石を投げる。たとえばこんな短い寓話がある。道の脇に立つ1本のクルミの木にたくさんの実がなった。それを手に入れようと、通りがかった者たちが石や棒でたたいて枝を折る。クルミの木は哀れな声でこう叫ぶ。「なんとみじめな私。この実を差し出して元気づけてあげようと思っていた者たちが、こんなひどい仕打ちをするなんて」

ハンス・ホルバイン『愛 Charitas』（1543年）。クルミの木が棒でたたかれるのをじっと耐え、ナッツを分け与えている。

クルミ割り器は、クルミ用に特別に考案されたものだ（だからブラジルナッツやマカダミアナッツを割ろうとすると歯が折れてしまうかもしれない）。もしこの器具をもっていなければ、クルミを割るときにぜひ以下の昔からある方法を試してみてほしい。片手にクルミを2個握り、できるだけ強くこすり合わせる。こうすると、片方のクルミでもう片方のクルミの殻が割れる。必要なら両手を使ってもいい。

●ビーチナッツ（ブナの木の実）

アメリカ人は、ビーチナッツで作ったキャンディがあるはずだと思っているかもしれない。その名前がついた菓子メーカーがあるからだ。少なくともこのブランドは、いまもまだ操業中で、ガムとタバコ会社としてアメリカ人になじみがある。それが、ビーチナット・ニュートリション・コーポレーションだ。こんな名前をつけること自体がじつに不思議だ。というのも、この小さなナッツには苦味のあるグリコシドが含まれ、少しばかり毒性があるからだ。商業生産されていないのも、おそらくそのためだろう。なぜこの企業名にしたのかについては謎のままである。

ビーチナッツは三面で先がとがった形をしていて、底に丸みをつけたプラミッドといった

フロリス・ファン・ダイク、『静物』(1613年)。クリ、クルミ、ドングリ、ビーチナッツらしきものが見える。

ところだ。殻から種子がこぼれ落ちるまでは、毛羽立ったコートを着ているかのように見える。ビーチナッツがなる木の学名は *Fagus* で、びっくりするような語源をもつ。これはオランダ語の bukenbaum、ドイツ語の buehbaum と buche と関連している。これらは英語の book（本）と同じ語で、アングロ・サクソン語の boece に由来する。どうやら文字を書くために紙が使われる以前には、この木の樹皮をはがしたものに書き、本のように折りたたんでいたようだ。一度はがした樹皮は二度と再生されない。しかし、この語の語源はそれよりさらに古い。インド・ヨーロッパ祖語でビーチの木を意味する bhagos も、ラテン語の fagus の祖先である。

いずれにしても、いまではビーチナッツを食べる人はほとんどいない。例外はリスと、運よく甘い実を見つけることができた、勇気のある採集者くらいだろう。

第6章◉現代のナッツ産業

みなさんはカリフォルニアで栽培されるアーモンドが、加熱するか酸化プロピレンで燻蒸（くんじょう）消毒するかして、必ず殺菌しなければならないことを知っていただろうか？　そして、酸化プロピレンがポリウレタンを作るために使われ、アメリカ環境保護庁によって発がん性が疑われる物質のリストに含まれていることは？　これはささいなことではない。世界で生産されるアーモンドの80パーセントはカリフォルニア産だ。生のアーモンドがサルモネラ菌で汚染される事例が何度か続き、２００７年にその危険性が重大視されて、加熱するか燻蒸消毒するのが安全だろうということになった。これに対してローフードの提唱者はいきり立った。何より重要なのは、そもそもどうしてサルモネラ菌がアーモンドに入り込んだのかだ。動物の糞に含まれるものが、なぜ木になるアーモンドに入り込んだのだろう？

◉収穫の現場

　私の考えはこうだ。この問題が持ち上がったのと同じ頃、あるアーモンド果樹園から招待を受け、学生たち何人かを連れていったことがあった。ちょうど収穫の時期で、たくさんの実がなっていた。春にはあたり一面がピンクがかった白いアーモンドの花で覆われるが、秋になるとすべてが乾燥してほこりっぽくなる。私を招待してくれたカリフォルニア・アーモンド協会は、アメリカ農務省に燻蒸殺菌を推薦した張本人たちだった。アーモンドが汚染されたいきさつについて情報が得られればと私は期待したのだが、まさにその期待どおりになった。

　アーモンドは木から直接収穫すると思われているかもしれない。かつてはたしかにそうで、おもに季節労働者たちがその仕事をしていた。木はそれほど高くはないので、ちょっと棒でたたけば枝から簡単に実を落とせただろうし、それから少し選別をして、頑丈な殻を取り外していたのだろう。現在の作業はそれとはまったく異なる。四輪で自走する小型トラックほどのシェイカーという特別な機械でアーモンドの木の幹をしっかりとつかみ、木を激しく振動させる。地震がきたかと思うほどの振動だ。それでアーモンドの実がごっそり、葉まで一緒に落ちる。

現在のアーモンドの収穫では、専用の機械で木を揺らして実を地面に落とす。

クルミの果皮を取り除くための大型機械

次は別の機械を使って、落とした実を風力で吹き飛ばし、きれいな列になるように集める。そして、さらに別の機械ですべてを吸い上げる。アーモンドも、小枝も、石も、土も全部まとめて、トラックの荷台に放出される。ご想像どおり、そのなかから土やがれきを全部取り除くには、家ほどの大きさの巨大な機械をさらにいくつか使う。また別の機械が果皮を取り除き、殻も除く。この果樹園では、こうした機械一式を動かすだけで年間の電気代が数十万ドルになると話していた。

私が思ったのは、このプロセスのあいだに、サルモネラ菌を含んだ土が実のなかに紛れ込むかもしれないということだ。菌が入り込むとすれば、それしか考えられない。たまたまこのあたりを飛んでいた鳥の糞かもしれないし、近くの牛、あるいはネズミのものかもしれない。あるいは水が原因かもしれないし、理論的にはアーモンド畑にやってくる動物の行動範囲にあるほかのどんなものも原因となる可能性がある。

この状況は、コショウ、ピーナッツなど、最近になってサルモネラ菌による食中毒を発生させた植物のすべてにあてはまる。つまり、サルモネラ菌の媒体になったのは植物そのものではなく、その収穫方法なのだ。アーモンドを手で収穫していれば、菌を含んだ土がつく可能性はおそらくなかったはずだった。

◉巨大工場

私はカリフォルニア州の町ストックトンのダウンタウンに住んでいるが、自宅から数キロの場所にあるダイヤモンド・ウォルナット・ファクトリーを訪ねたときにも、同じくらい重要な情報を得た。これは、通常の加工工場ではまったくない。アメリカンフットボール場が数十は入りそうなくらいの広大な土地に建つ工場だ。地球上で生産されるクルミの5分の1は、この工場のドアを通ると教えられた。音もまたものすごい。あまりの騒音で、防音用のイヤーマフをつけなければならなかった（案内人は私のクラスの学生たちに、無線送信機を使って話していた）。この場所の雰囲気は、ヒエロニムス・ボス［ルネサンス期のフランドル派の画家］が想像して描いた真っ暗な地獄の絵を思い浮かべるとぴったりかもしれない。ここなら、ボスも居心地よく感じたことだろう。

もっとも、そこにいるのはおそろしい拷問を与える怪物ではなくて、ガチャンガチャンと甲高い音を鳴らし、何かを噴出し、攪拌し、レーザービームすら発するたくさんの機械だ。これがナッツに残っている皮のかけらを取り除く最新のテクノロジーらしい。何エーカーもの広さのある工場で、仮設の金属製の足場のような、古い油がこびりついて滑る通路を歩いていると、オーガスタス・グループ［映画『チャーリーとチョコレート工場』で、チャーリーと一緒に工場見学に行く食いしん坊で太った少年」か、アプトン・シンクレアの小説の気の毒な登場人物のように、誰かが滑って巨大タンクに落下するのではないかと心配になった。

この大がかりなテクノロジーには驚かされたが、それ以上に何年たっても私の記憶に残っている光景がある。悪魔のように騒々しい工場の片隅に置かれていた小さなテーブルだ。そこに10人ほどのメキシコ人女性がヘアネットをかぶって座り、辛抱強くクルミの皮を手で丁寧にむいていた。彼女たちは何をしているのかとたずねてみたところ、輸出用の傷のない美しいクルミにするには人の手に頼らざるを得ないのだという答えが返ってきた。これだけテクノロジーが進化しても、まだ人の優れた手作業に代われない部分があるということだ。

訳者あとがき

ここ数年の自然食ブームで、ナッツ人気が高まっている。栄養価が高く、美容にもよく、健康維持に役立ち、病気予防の効果も期待されているという。原始の時代から人類が食料としてきたナッツは、まさに天然のサプリメント、自然からの贈り物である。そのままおつまみとして食べるのもいいし、デザートや料理に使ってもいい。小さいけれど存在感があり、香ばしい風味と独特な食感で楽しませてくれる。そんなナッツにはどんな歴史があり、世界各地の人々の生活と食文化にどんな役割を果たしてきたのか――

本書『ナッツの歴史 *Nuts: A Global History*』は、イギリスの Reaktion Books が刊行している The Edible Series の一冊である。このシリーズは、料理とワインに関する良書を選定するアンドレ・シモン賞の特別賞を２０１０年に受賞した。著者のケン・アルバーラは、カリフォルニアのパシフィック大学の歴史学教授で、専門は食物史。フードライターとしても知られ、食文化をテーマにした著書が多数ある。

アーモンド、クルミ、ピスタチオ、マカダミアナッツ、ピーカンナッツ……。本書ではこうしたおなじみのものから、なかなか目にする機会のないものまで、形も風味も異なる世界中のさまざまなナッツを紹介する。神話や聖書にも登場し、古くから貴重な保存食だったナッツは、時代や地域を問わず、つねに人々に好まれてきたという点ではめずらしい食べ物であるという。自らも大のナッツ好きという著者は、この不思議なパワーをそなえる小さな食べ物と人とのかかわりを、文化や宗教を含めさまざまな観点から愛情たっぷりに、ときにユーモラスに語る。ナッツのなかには古代から薬としての効能に注目されてきたもの、その形や色が何を「象徴」するかに興味をもたれ、宗教的なシンボルとして使われてきたものもある。そうした文化的にも深い意味をもつナッツの代表であるアーモンドはとくに用途が広く、中世ヨーロッパではスパイスと同じように外来の貴重な品として扱われ、貴族の晩餐には欠かせない食材だったらしい。そして、アーモンドミルクやアーモンドバターは乳製品の代用としても重宝された。それから数百年後のいま、アーモンドミルクやアーモンドバターが再び注目されているのは興味深い。本書では古代や中世のレシピもいくつか紹介されているが、たとえば、いまではデザートとしておなじみの、やはりアーモンドミルクを使ったブランマンジェが、かつては鶏肉を使った料理だったというのだからおもしろい。

最近では食料品店の棚に並ぶナッツの種類も増えてきた。しかし、商品としてのナッツは見慣れていても、果実として木になっている状態は意外に知らないものだということに、本書を読んであらためて気づかされた。たとえばカシュー。「カシューアップル」がついた状態の果実は、ふだん見るナッツからは想像できないような形をしている。カシューの木の原産地は、ブラジルを中心とする南米のアマゾン一帯である。ちょうど、この文章を書いているあいだにリオデジャネイロ五輪が開幕した。たまたま目にしたテレビ番組で、現地の市場を紹介するリポーターが手にとったのが、まさにこのカシューアップルと殻つきのカシュー。映像という形ながら本物を見ることができ、本書が引き合わせてくれたように感じている。

食という身近なテーマから世界の歴史や文化に触れるのは、なんとも楽しい。そしてもちろん、新しいレシピに出合ったり、自分で考えだしたりする楽しさもある。ナッツの秘密の殻を破る味わい豊かな旅は、この先もまだまだ続きそうだ。

田口未和

2016年8月

写真ならびに図版への謝辞

図版の提供と掲載を許可してくれた関係者にお礼を申し上げる。

Ken Albala: pp. 24, 27, 40, 41, 46, 64, 74, 75, 88, 111, 116, 122, 124, 134, 137, 146, 150下; The Art Institute of Chicago: p. 148 (Gift of Jamee J. and Marshall Field 1991.100); © The Trustees of the British Museum, London: p. 85; Jim McDougall: p. 130; Flusel: p. 102; iStockphoto: pp. 16 (Veronika Rossimaa), 38 (narvikk), 66 (tunart), 159 (David Gomez Photography), 160 (Carmen Reed); Library of Congress, Washington, DC: pp. 98, 109; Rolfmueller: p. 53; Shutterstock: pp. 6 (Markus Mainka), 18 (Sue Robinson), 30 (Mukesh Kumar), 34 (paul prescott), 51 (wasanajai), 68 (magouillat photo), 113 (Danny E. Hooks), 115 (Kozlenko), 118 (AtthameeNi), 143 (Hayati Kayhan); Stock.xchng: p. 22 (Bill Hardwick), 56 (Mirabelle Pictures), 58 (TJUKTJUK), 62 (graletta); Victoria & Albert Museum, London: pp. 52, 79, 106; Image © Yale University Art Gallery: p. 150上.

参考文献

Allen, Zel, *The Nut Gourmet* (Summertown, TN, 2006)

Hill, Lewis and Leonard Perry, *The Fruit Gardener's Bible: A Complete Guide to Growing Fruits and Nuts in the Home Garden* (North Adams, MA, 2011)

Duke, James A., *Handbook of Nuts* (New York, 1989)

Freinkel, Susan, *American Chestnut* (Berkeley, CA, 2007)

Loomis, Susan Hermann, *Nuts in the Kitchen: More than 100 Recipes for Every Taste and Occasion* (New York, 2012)

Lowenfeld, Claire, *Britain's Wild Larder: Nuts* (London, 1957)

Menninger, Edwin A., *Edible Nuts of the World* (Stuart, FL, 1977)

Rosengarten Jr, Frederic, *The Book of Edible Nuts* (Mineola, NY, 1984)

レシピ集

残念ながら，現代の料理は総じてナッツを十分に活用しているとは言えない。お菓子には使われるが，普通の料理でナッツが主役のものがどれだけあるだろう？　サヤインゲンのオーブン焼きにアーモンドのスライスをのせたり，パンを焼くときに少しばかりクルミを入れたりするなど，つけ合わせや飾りとして少量だけ使う料理のことではない。もちろん，100年以上前のジョン・ハーヴェイ・ケロッグ［シリアル食品で知られるケロッグ社の共同創業者］の実験を連想させるような，あるいはもっと最近ではヒッピー世代が食べていたような，ナッツローフ［ミートローフの肉の代わりにナッツを使ったもの］でもない。最近の自然食ブームでナッツへの注目が高まっていることを考えれば，ナッツバターやナッツミルクのほかにも，何かナッツを使った料理が必要だろう。その一方で，世界中のほとんどの地域で，人々のナッツへの深い愛が失われたことはない。とくに中東とインドでは，すりつぶしたナッツがさまざまなソースのベースとして使われる。アジアではココナッツがそれと同じような役割を果たす。みなさんにも，ぜひこのレシピ集を参考に控えめなナッツの魅力をひきだすクリエイティブな料理を考案していただきたい。

◉カーディナル・オン・ホースバック

おなじみのエンジェル・オン・ホースバック［名前は「馬の背に乗る天使」の意。牡蠣をベーコンで巻いて焼いた料理］や，デビル・オン・ホースバック［「馬の背に乗る悪魔」。牡蠣の代わりにフルーツを使う］のバリエーションで，カンパリで赤い色がつくので，カーディナル・オン・ホースバック［「馬の背に乗る枢機卿」。カーディナルには深紅色の意味もある］とした。

松の実
種を抜いた乾燥アプリコット
乾燥黒イチジク
モスタルダ［果物をマスタード風味のシロップにつけたもの］
カンパリ
ラルド［豚の背脂を塩づけまたは燻製にしたもの］またはプロシュート
エスカローレ［レタスに似た野菜］の葉（盛りつけ用）

1. アプリコットとイチジクを赤い色がつきやわらかくなるまでカンパリに浸す。
2. 松の実を軽く押しつぶしてモスタルダと混ぜ，アプリコットとイチジクに詰める。

3. 小さめに切ったラルドでひとつずつ巻き，つまようじで留める。
4. ラルドの色が少し変わるまで，さっと焼く。
5. エスカローレの葉にのせ，前菜として出す。

◉贅沢なクスクス

インスタントのクスクス…1箱（285*g*）
澄ましバター…大さじ2
サフラン…ひとつまみ
チキンブイヨン（ブロス）…1缶（200*ml*）
松の実…カップ1（120*g*）
レーズン…カップ1（175*g*）
ケイパー…大さじ1
パセリのみじん切り…ひとつかみ
ザータル（野生のタイム）…ひとつまみ

1. スキレットにバターを入れ，クスクスがこんがり色づくまで炒める。同時にチキンブイヨンを温め，サフランをひとつまみ，明るい黄色になるまで加える。
2. ブイヨンをクスクスに注ぐ。蒸気が立つので鍋から離れたほうがいい。
3. ほかの材料をすばやく加え，ふたをして火を止める。
4. 水分が足りないようなら，熱湯を加える。そのまま10分ほどおく。
5. 食べる前にザータル少々をのせる。

◉ベジタリアン・スタッフト・キャベツ

キャベツ…大玉1個
粗くひいたクルミ…カップ2（230*g*）
タイム…小さじ½
ひいたクミン…ひとつまみ
トマトペースト…大さじ1
タマネギのみじん切り…1個分
パプリカ…大さじ1
塩…小さじ1
オリーブオイル…大さじ2
サワークリームまたはピスタチオクリーム

1. キャベツの芯を鋭いナイフでくり抜き，丸ごと10分ゆでる。取り出して水気を切り，冷ましておく。
2. クルミを乳鉢かフードプロセッサーで細かく砕き，ほかの材料を加えてよく混ぜる。
3. キャベツの葉を1枚ずつはがして広げ，真ん中にスプーン山盛り1杯ほどのナッツをのせる。キャベツの葉の厚みのある下側，次に両端を折り込んで転がし，きつめのロール状にする。残りの葉も同様にする。
4. キャセロール皿にロールキャベツを並べ，オリーブオイルをふりかけ，ふたをして180℃に予熱したオーブンで1時間焼く。
5. サワークリームをたっぷり添えてテーブルに出す。ヴィーガン［動物由来の食品をいっさい食べない人たち］向け

には，サワークリームの代わりにピスタチオクリームを使う。

……………………………………………

◉サンドライトマトとクイックカシューチーズ

生のカシューナッツ…カップ1（140*g*）（水に2～4時間つけたあと，水気をきっておく）
チェリートマト…カップ1（150*g*）
サンドライトマト…カップ½（120*g*）
レモン汁…大さじ2
ヒマラヤ産シーソルト…小さじ¼
コショウ…小さじ¼
ザータルまたはオレガノ…小さじ¼

1. 材料すべてをフードプロセッサーに入れ，完全に混ぜる。食感を残すため，なめらかになりすぎないようにする。
2. ホウレンソウのクラッカーブレッド（下）と一緒にテーブルに出す。

……………………………………………

◉ホウレンソウのクラッカーブレッド

ホウレンソウ…カップ1（38*g*）
ニンジン…カップ½
リンゴ…1個
生のクルミ…カップ1（115*g*）（水に2～4時間つけたあと，水気をきっておく）
エクストラバージン・オリーブオイル…カップ½（110*ml*）
ヒマラヤ産シーソルト…小さじ¼
コショウ…小さじ¼
クミン…小さじ¼
アマニ粉末…カップ¾（100*g*）

1. ホウレンソウとニンジンをフードプロセッサーにかけてみじん切りにする。
2. リンゴとクルミを細かくきざみ，ホウレンソウとニンジンに加える。あるいは，ホウレンソウ1束，ニンジン5～6個，リンゴ1個からジュースをしぼったあとに残った部分を使い，これにクルミのみじん切りを加えてもいい。
3. オリーブオイル，塩とスパイスを入れ，最後にアマニを加える。
4. 食物乾燥機のトレイにシートをしき，3の生地を広げてのせ，40℃で一晩おく。

……………………………………………

◉松の実のスープ

松の実…カップ2（280*g*）
水…450*ml*
塩…ひとつまみ
ザクロシード，クミン少々またはローズウォーター（つけ合わせ用）

1. 松の実に水と塩を加えてミキサーにかける。冷蔵庫で冷やしておく。
2. お好みで，ザクロシード，クミン少々，ローズウォーターを加える。

……………………………………………

◉ドングリのクレープ

ドングリパウダー…カップ1（120g）
卵…1個
牛乳
未精製の砂糖…小さじ1
好みでバニラエッセンス
ベーキングパウダー…小さじ¼
バター…少量
好みの具

1. ドングリパウダーに卵を入れ，なめらかでさらさらした生地になるように牛乳でのばす。
2. 砂糖，バニラエッセンス数滴，ベーキングパウダーを加えて混ぜ，1時間以上おく。
3. 大きめのフッ素加工のフライパンを熱し，バターを入れて泡立つまで熱する。
4. 生地をフライパンの表面全体を薄く覆うくらいの量だけ入れる。フライパンを回して均等に広がるようにする。必要であれば水か牛乳少々でのばす。
5. 焼き上がったクレープを皿に移し，残りの生地も次々と焼いていく。
6. それぞれのクレープの上に好みの具をのせて巻く。カットしたフルーツ，ラズベリーやイチジクのジャム，あるいはヌテッラでもいい（ヌテッラにもナッツが入っているので，さらにナッツ風味が増す）。甘味を加えたカッテージチーズやクリームチーズもいい。
7. 仕上げにパウダーシュガーをふりかける。

………………………………………

◉スパイシーピリナッツのクラブケーキ

缶詰めのカニの身…225g
生のピリナッツ（細かくきざむ）…カップ1（115g）
パン粉…カップ1（125g）
マヨネーズ…大さじ1
ピーマンと赤パプリカ（小さい角切り）…カップ¼（30g）
ハラペーニョ…1個
エシャロット（みじん切り）…1個分
魚醤…大さじ1
ライム汁…½個分
コリアンダーの葉…ひとつかみ
オリーブオイル（揚げ用）
フィリピン産のバナナケチャップ

1. 大きなボウルにカニの身とピリナッツの半量，パン粉半量，その他の材料を混ぜる。残りのパン粉とナッツを混ぜてとっておく。
2. カニの身のタネを4等分して形を整え，すべての面を覆うようにパン粉とナッツをまぶす。
3. 中温に熱したオリーブオイルに形を崩さないように入れ，こんがり色づくまで揚げる。温かいうちにバナナケチャップを添えて出す。

………………………………………

◉チキンとナッツのシチュー

西アフリカではチキンシチューにピーナッツを入れているのをよく見かけるが，ほかのナッツでも代用できる。ここではピスタチオバターかアーモンドバター，あるいはその他の市販のナッツバターを使う。パームオイル（ヤシ油）やココナッツオイルは健康食料品店で買うことができる。アフリカで使われるレッドパームオイルとは少し違うが（レッドパームオイルは料理用オイルというよりは香辛料に近い），香り豊かになる。陶製の鍋で作るとさらに風味が増すように思う。

骨と皮つき鶏もも肉…450g
塩，コショウ
パームオイルまたはココナッツオイル…大さじ2
トマト…大3個（皮をむいて小さめの角切り）
タマネギ…1個（角切りにし，しんなりきつね色になるまでゆっくり炒める）
ショウガ…1片（皮をむいてすりおろす）
赤唐辛子…小3個（みじん切り）
アーモンドバターまたはピスタチオバター…大さじ3
米

1. 鶏もも肉に塩とコショウでしっかり下味をつけ，油をひいた鍋で焼き色をつける。
2. トマトと炒めたタマネギを加え，ひたひたになるまで水を注ぐ。
3. ショウガと赤唐辛子を好みの量だけ加え，1時間ほどコトコト煮込む。
4. ナッツバターを入れて，とろみが出るまでかき混ぜる。
5. 炊いたごはんと一緒に出す。現地風に手で食べてもいい。

………………………………………………

◉スモークポークチョップ，リンゴとピーカンナッツ添え

ポークチョップまたはカントリーリブの厚切り…4枚
塩…大さじ1
ピンク・キュアリングソルトまたはインスタキュア No. 1（塩づけ肉用の塩）…小さじ⅛
コリアンダーシード…小さじ1
ブラックペッパー（ホール）…小さじ1
ブラウンシュガー…大さじ1
タルト用リンゴ（グラニースミス種など）…2個（芯を抜き，皮のままくし形に切る）
ピーカンナッツ…カップ1（115g）
バター…大さじ3
アップル・ブランデー（アップルジャックまたはカルヴァドス）…少々
ポレンタ
ケールまたはブロッコリレイブ［菜の花に似た，苦味のある葉野菜］

1. ポークチョップを大きくて丈夫なビ

ニール袋に入れる。塩，スパイス，砂糖を加えてよく混ぜる。口をしっかり閉じ，冷蔵庫で1週間ねかせる。毎日肉を引っくり返す。

2. 肉を取り出し，スパイスを落とす。水に浸しておいたヒッコリーかアップルウッドのチップで，約2時間超低温でスモークする。スモーカー(燻製器)や，バーベキュー用オーブンに炭を入れたものを使ってもいい。こうすると高温でのスモークになるため，肉に完全に火が通る。スモーカーがなければ，ガスグリルでもできる。ふたを開けたままにし，チップにアルミホイルをかぶせる。時間は45分ほどでいい。
3. リンゴとピーカンナッツをバターできつね色に焼く。仕上げにアップルジャック・ブランデーをふりかけ，ひとり1本ずつ取り分けたポークチョップにかけて出す。
4. ポレンタと，ケールやブロッコリレイブのような苦味のある葉物野菜を炒めたものと一緒に食べる。

◉ノラのルペルトのブランマンジェ

『煮込み料理の本 *Libro de guisados*』(バルセロナ，1525年) より。マンジャル・ブランク (ブランマンジェのカタルーニャ語名) の作り方は次のとおり。

1. 鶏，米粉225*g*，ローズウォーター225*ml*，精糖450*g*，ヤギのミルク3.6*kg*，なければホワイトアーモンド1.4*kg* を用意する。
2. 大きく太った鶏を選ぶ。ブランマンジェを作るときには，鶏を絞めて羽をむしり，よく洗い，まだ料理に使ったことのない鍋でゆでる。半煮えになったくらいで取り出し，胸肉をサフランのめしべの束のように細かく裂く。ローズウォーターを繰り返しふりかける。
3. すべての材料を鍋に入れる (銅製の鍋や，最近錫めっきした鍋は使わない。錫のにおいが移ってしまうため。錫めっきしたものなら，大量のパンと水を入れてとろ火で煮込むと，錫のにおいが消える)。
4. 鍋に鶏肉をゆでたスープを注ぐ。金属のにおいが移らないように木のさじでかき混ぜる。ミルク半量を加え，さらに米粉を少しずつ加える。鍋にくっつかないように，つねにかき混ぜる。
5. 8ディネ (ディネーロ貨幣。カスティーリャ語版では，これを12マラベディ相当と説明している) 分の砂糖を入れ，つねにかき混ぜながら煮込む。ミルクの残りをすべてなくなるまで少しずつ加える。こげつかないように注意すること。
6. マンジャル・ブランクが澄んできたら，鶏肉がよく煮えた合図。そこからはもうミルクは加えない。焼いたチーズのようになったら，仕上げにローズウォーターと，塩づけポークからとっ

たきれいな脂を入れる。鶏一羽で6皿分ほどの量ができる。
7. 鍋を火からおろし，しばらくおく。そのあいだに皿を用意し，精糖をふっておく。これで毎回，完璧なマンジャル・ブランクができる。

……………………………………………

◉デュカとハローセト

デュカと，セファルディ系［スペイン，ポルトガル，北アフリカ系のユダヤ人］のハローセトのすばらしいレシピを紹介しよう。デュカはちぎったピタパンをオリーブオイルに浸して一緒に食べると本当においしい。ハローセトのほうは，マッツォをちぎって一緒に食べるとよく合う。量や配合はまったくのお好みで。

［デュカ］
1. 無漂白のアーモンドをスキレットで香りが出るまでから炒りする。
2. 粗熱がとれたら，木製の乳鉢で粗い粉末になるまでつぶす。そのままさらに冷ましておく。
3. クミンシード，コリアンダー，コショウの実，シナモンスティックの小片を炒る。たたいて細かくするか，スパイス挽きで挽いて，アーモンドに混ぜる。アーモンドの代わりにヘーゼルナッツを使ってもいいし，アーモンドにヘーゼルを少し混ぜてもいい。

［ハローセト］
1. 上の手順で作った生地に細かくきざんだナツメヤシ，レーズン，好みでアプリコットを加える。ハチミツ少々，ビネガー少々，赤ワインをふりかける。さらにつぶすと，ユダヤ人奴隷がエジプトでレンガを積んだときに使った，こねたモルタルに似てくる。
2. マッツォの上に苦味のあるハーブと一緒にのせる。小さな「ヒレルのサンドイッチ」にするには，マッツォ 2枚でハローセトをはさむ。最近では，ハーブとしておろしたてのホースラディッシュだけを使う。辛味が強いので，鼻にツーンときて脳を直撃するが，甘くてナッツを含んだハローセトと組み合わせると，じつにおいしい。

……………………………………………

◉ヘーゼルナッツ・トルテ

ヘーゼルナッツ…カップ1（100g）
室温で戻したバター…125g
砂糖…カップ1（125g）
卵…4個（黄身と白身を分けておく）
クリーム・オブ・ターター［メレンゲの泡を安定させる働きがあり，きめ細かい泡になる］…少々
フランジェリコ・リキュール…大さじ2
メキシコ産ケソ・フレスコ（フレッシュチーズ）…カップ½（125g）
小麦粉…大さじ2
パウダーシュガーとシナモン

1. ヘーゼルナッツを軽く色づくまで静かに炒る。乳鉢かフードプロセッサーですりつぶす。
2. ボウルにバターと砂糖を入れ，白っぽい色のクリーム状になるまで混ぜる。卵黄をひとつずつ加え，さらにリキュールを入れて完全に混ぜる。
3. ケソ・フレスコを加え，よく混ぜ合わせる。小麦粉とヘーゼルナッツを加えてさらに混ぜる。
4. 別のボウルに卵白を入れ，クリーム・オブ・ターター少々を加えて泡立てる。ヘーゼルナッツの生地に加えて軽く混ぜる。
5. スプリングフォームパン（外側が外れるタイプのケーキ型）に耐油紙をしき，バターを薄くひいた上に生地を入れる。
6. 175℃に予熱したオーブンで40分焼く。冷めたら皿にのせ，パウダーシュガーとシナモンをふりかける。

◉マンドルラ・ノグ（2回分）

フレッシュ・アーモンドミルク…カップ1（225*ml*）
アマレット・リキュール…45*ml*
ブランデー…90*ml*
生卵…1個
ピュアメープルシロップ…大さじ1
バニラエッセンス…少々
ナツメグ（ホール）

1. あらかじめアーモンドミルクを用意しておく。皮をむいた生のアーモンド1カップを湯通しし，ブレンダーに入れて熱湯1カップ（225*ml*）を注ぐ。アーモンドが細かくなるまで撹拌する。そのまま数時間から一晩ねかせておく。
2. 目の細かいふるいでこし，冷蔵庫で完全に冷やす。
3. 材料すべてをよく混ぜ，食べる前に冷蔵庫で冷やす。グラス2個に分けて注ぎ，すりおろした。ナツメグをトッピングする。

AZ, 2001). 本書では私自身の訳を使用し，意図的に逐語訳にしている。

(9) *Cuyre on Inglysch*, ed. Constance B. Hieatt and Sharon Butler (London, 1985).

(10) *Libre de Sent Soví*, ed. Rudolph Grewe (Barcelona, 1979), p. 141.

(11) *Libro di cucina del scolo XIV* (Anonimo Veneziano), ed. Ludovico Frati (Bologna, 1986), p. 13.

(12) ub Gent Hs. 1035, c.a. Serrure, ed., *Keukenboek uitgegeven naar een Handschrift der vijftiende eeuw* (Ghent, 1872). www.coquinaria.nl. の Christiane Muusers 訳のオランダ語版は，本書の私の訳とは少し違っている。

第4章　おなじみのナッツ，めずらしいナッツ

(1) See 'Mrs Roner's Answers to Questions', *Ladies Home Journal*, XV (July 1898), p. 32.

(2) Bartolomeo Stefani, *L'Arte di ben cucinare* (Mantova, 1662), p. 64.

(3) Antonius Gazius, *Corona florida medicinae* (Venice, 1491), pp. mvi verso; fol Cix v, 1514 edn.

(4) *Journal of Heredity* (American Genetic Association), V (1914), p. 179.

第5章　デザート，スナック，ジャンクフード

(1) Charles Etienne and Jean Liebault, *Maison Rustique or The Countrie Farme*, trans. Richard Surflet (London, 1616), p. 421.

(2) Bertrand Russell, *Unpopular Essays* (London, 1950), p. 148. [『人類の将来——反俗評論集』B・ラッセル著，山田英世・市井三郎訳，理想社，1958年]

注

第１章　ナッツとは何か？

(1)　R. W. Spjut, 'A Systematic Treatment of Fruit Types', *Memoires of the New York Botanical Garden*, 70 (1994), pp. 1-182, at www.worldbotanical.com.

(2)　Galen of Pergamum, *Properties of Foodstuffs*, trans. Owen Powell (Cambridge, 2003), pp. 97-98.

(3)　Jean Bruyerin-Champier, *De re cibaria* (Lyons, 1560), p. 79.

(4)　William Coles, *Adam in Eden* (London, 1657).

(5)　Dioscorides, De Materia Medica (Lyons, 1552), p. 134.［『ディオスコリデスの薬物誌』全2巻，鷲谷いづみ・大槻真一郎訳，エンタプライズ，1983年］

(6)　Galen, *On Food and Diet*, trans. Mark Grant (London, 2000), pp. 132-133.

第２章　噛むナッツ

(1)　*An English Translation of the Sushruta Samhita*, ed. Kaviraj Kunja Lal Bhishagratna, vol. II (self-published, 1911), pp. 483, 510.

(2)　Rembert Dodoens, *A New Herball* (London, 1595), p. 855.

第３章　料理に使われるナッツ

(1)　Jean Bottéro, *The Oldest Cuisine in the World* (Chicago, IL, 2004), pp. 19-23.

(2)　*Apicius*, ed. Chris Grocock and Sally Grainger (Totnes, 2003), p. 143.

(3)　*The Viandier of Taillevent*, trans. Terence Scully (Ottowa, 1988), p. 508. 本書では私自身の少し異なる訳を使った。

(4)　Martino of Como, *The Art of Cooking*, trans. Jeremy Parzen (Berkeley, CA, 2005), p. 83.

(5)　Ortensio Lando, *Commentario delle più notabili et mostruose cose d'Italia* (Venice, 1553), p. 65, 'Pillade de Luca: fu il primo che mangiasse castagnazzi, & minestra di semola, & di questo riportò loda'.

(6)　Leonhart Fuchs, *De historia stirpium* (Lyons, 1555), p. 446.

(7)　Friederich Fluckiger, *Pharmacographia* (London, 1879), p. 245; Alfred Franklin, *La vie privée d'autrefois*, vol. III (Paris, 1889), pp. 44-46.

(8)　*Libellus de Arte Coquinaria*, ed. Rudolph Grewe and Constance B. Hieatt (Tempe,

ケン・アルバーラ（Ken Albala）
米パシフィック大学（カリフォルニア州）の歴史学教授で，専門は食文化史。フードライターとしても活躍し，食をテーマにした講演活動やメディアへの出演も多い。『お菓子の図書館　パンケーキの歴史物語』（原書房）をはじめ，食文化や料理に関する著書多数。『豆の歴史　*Beans: A History*』は，2008 年に国際料理専門家協会（IACP）ジェーン・グリグソン賞を受賞。

田口未和（たぐち・みわ）
上智大学外国語学部卒。新聞社勤務を経て翻訳業に就く。主な訳書に『「食」の図書館　ピザの歴史』『フォト・ストーリー　英国の幽霊伝説：ナショナル・トラストの建物と怪奇現象』『図説　世界を変えた 50 の哲学』（以上，原書房），『デジタルフォトグラフィ』（ガイアブックス），『インド　厄介な経済大国』（日経 BP 社）など。

「食」の図書館

ナッツの歴史

●

2016年8月27日　第1刷

著者……………ケン・アルバーラ
訳者……………田口未和
装幀……………佐々木正見
発行者……………成瀬雅人
発行所……………株式会社原書房

〒160-0022 東京都新宿区新宿1-25-13
電話・代表03(3354)0685
振替・00150-6-151594
http://www.harashobo.co.jp

印刷……………新灯印刷株式会社
製本……………東京美術紙工協業組合

ISBN 978-4-562-05326-1, Printed in Japan

鮭の歴史《「食」の図書館》
ニコラース・ミンク／大間知知子訳

人間がいかに鮭を獲り、食べ、保存（塩漬け、燻製、缶詰ほか）してきたかを描く、鮭の食文化史。アイヌを含む日本の事例も詳しく記述。意外に短い生鮭の歴史、遺伝子組み換え鮭など最新の動向もつたえる。　２０００円

レモンの歴史《「食」の図書館》
トビー・ゾンネマン／高尾菜つこ訳

しぼって、切って、漬けておいしく、油としても使えるレモンの歴史。信仰や儀式との関係、メディチ家の重要な役割、重病の特効薬など、アラブ人が世界に伝えた果物には驚きのエピソードがいっぱい！　２０００円

牛肉の歴史《「食」の図書館》
ローナ・ピアッティ＝ファーネル／富永佐知子訳

人間が大昔から利用し、食べ、尊敬してきた牛。世界の牛肉利用の歴史、調理法、牛肉と文化の関係等、多角的に描く。成育における問題等にもふれ、「生き物を食べること」の意味を考える。　２０００円

ハーブの歴史《「食」の図書館》
ゲイリー・アレン／竹田円訳

ハーブとは一体なんだろう？　スパイスとの関係は？　それとも毒？　答えの数だけある人間とハーブの物語の数々を紹介。人間の食と医、民族の移動、戦争…ハーブには驚きのエピソードがいっぱい。　２０００円

コメの歴史《「食」の図書館》
レニー・マートン／龍和子訳

アジアと西アフリカで生まれたコメは、いかに世界中へ広がっていったのか。伝播と食べ方の歴史、日本の寿司や酒をはじめとする各地の料理、コメと芸術、コメと祭礼など、コメのすべてをグローバルに描く。　２０００円

（価格は税別）